鹽鐵論研究

徐漢昌著

文史哲學集成
文史哲出版社印行

鹽鐵論研究 / 徐漢昌著 -- 初版 -- 臺北市：
文史哲, 民 99.11 印刷
頁;　公分（文史哲學集成；100）
參考書目：頁
ISBN 978-957-547-553-6 (平裝)

621.11

文史哲學集成 100

鹽鐵論研究

著者：徐漢昌
出版者：文史哲出版社
http:// www.lapen.com.tw
e-mail：lapen@ms74.hinet.net
登記證字號：行政院新聞局版臺業字五三三七號
發行人：彭正雄
發行所：文史哲出版社
印刷者：文史哲出版社
臺北市羅斯福路一段七十二巷四號
郵政劃撥帳號：一六一八〇一七五
電話886-2-23511028・傳真886-2-23965656

實價新臺幣三〇〇元

中華民國七十二年（1981）八月初版
中華民國九十九年（2010）十月 BOD 初版一刷

ISBN 978-957-549-553-6　00100

徐漢昌著

鹽鐵論研究

王靜芝題

自序

漢朝是中國歷史上一個輝煌的時代，漢武帝則是這輝煌時代中有雄心大志的帝王。姑不論其施政究竟為功為過，其歷史地位的重要則無可否認。其歷史地位之所以重要，固不僅在其對外夷的大張撻伐，武功顯赫，而更在其諸多財經改革措施的影響久遠。時至今日，猶見其價值。當時種種雖有史書略予論載，但語焉不詳。今人欲探究其詳情，則鹽鐵論一書至關重要。

鹽鐵論一書詳細記錄了西漢昭帝時，政府官員和在野學者之間討論國是的會議內容。其中包括自武帝以來的外攘夷狄的軍事問題、充裕國庫的財政問題、發展工商業的經濟問題、解決工商業型態社會問題的方法、學術思想和現實政治的調適、知識份子立身治事出處進退的操守問題等等。其內容涵蓋面極廣，政治、軍事、財經、社會等方面，均有論列。所以本書的研究價值，有過於西漢其他典籍。

在討論各種問題的過程中，政府官員驕矜於其財經貢獻，在野學者自是於一己所學，於是在討論施政的利弊得失時，都不能客觀虛心的傾聽對方意見，並認眞思考對方的觀點。政府官員大談施政成就，漠視弊端；在野學者則又高論理想與原則，不切實際。學術與政治原本難求其十全十美，有利即不免有弊。是否可行、當行，則應站在國家立場，以利弊相權，取其便者。即使有弊，也應力謀補救方法，不可因有弊而否定其利。讀此書者，應可在學術與政治相遇時，如何調整理想與現實這一重大問題上，得所鑒戒。

由於討論的雙方，觀點互異而又各執己見，不肯從人，於是學術思想不再能指導政府施政，而政府官員也因自滿而不能接納善言。在野學者抹煞優點，誇大缺點，動輒以古非今。但在談到如何改革修正時，又只會說一些原則和理想，沒有實際可行的好辦法，供政府採行。政府官員則不應滿足於現有的成績，對施政的缺點要有承擔的責任心，以及虛心求教的誠意。具有如此雅量，才能眞正得到民隱和輿情。他人的建議，即使是芻蕘之微，也當愼擇。可惜當時大家都未能保持客觀公正的態度，而感情用事，以致相互謾罵譏諷，攻訐人身，不能心平氣和的就事論事，都失去應有的風度。一場大規模而又重要的國是討論會，就因此而沒有能夠達到預期的目標，獲得一個積極而具有建設性的結果。這一歷史教訓，正說明立場公正、容人雅量、自尊自重和尊人重人的重要。

前賢探討古籍，績業雖盛，但評介此書者少，未免遺珠之憾！今人爲學，雖不可標新立異，亦不當踵武成規，不出前人窠臼。何況中華文化博大精深，面面俱到，應廣爲探討，以免久久湮埋而致偏枯遺漏。尤以固有學風重於理論，偏於保守，於當前實際問題，缺乏針對時需的可行方案與大力改革之勇。鹽鐵論一書，正反映此一現象。今日正可藉此評其得失，觀其成敗，進而補偏救弊，開創新機。更何況平準、均輸以及官賣制度的發達國家資本，深合民生主義經濟思想，爲 國父所推重採行。坐此種種，爲供後世執政者與問政者，引爲鑒戒，用有此書之作。其所未逮，有俟賢達之是正。

本書承王師靜芝校閱並賜題封面，謹此致謝。

中華民國七十二年八月　　徐漢昌序於臺灣臺中

鹽鐵論研究　目錄

第一篇　桓寬與鹽鐵論

第一章　鹽鐵論的撰著

第一節　鹽鐵論的撰著背景

漢武帝元狩年間，約在西元前一二二年至西元前一一七年，朝廷因爲財政匱乏，於是先後實行了鹽鐵、酒榷、均輸、平準等新財經措施，改變了漢初以來重農務本的政策。新財經措施雖然立竿見影，解決了不少財政上的問題；但是由於政策上突變的不能適應，且影響到既得利益者的權益，以及實施時的雷厲風行等原因，當時卽頗有非議之辭。反對者雖然言之痛切，可是始終不能動搖此一新財經措施的實行。

武帝末年，名將凋零，匈奴勢衰，而巫蠱之禍，父子交兵，尤其令武帝心灰意冷。那時，車千秋拜相，封爲「富民侯」，且下詔說：「方今之務，在於力農。」（漢書食貨志卷第二十四上）趙過懂代田之法，遂以趙過爲搜粟都尉。桑弘羊等雖曾建議屯田輪臺，武帝也以又將擾民而未從。漢武帝詔命說：

「前有司奏，欲益民賦三十助邊用。是重困老弱孤獨也。而今又請遣卒田輪臺，輪臺西於車師千餘里。前開陵侯擊車師時，危須尉犂樓蘭六國子弟在京師者，皆先歸，發畜食迎漢軍。又自發兵，凡數萬人，王各自將，共圍車師，降其王。諸國兵便罷，力不能復至道上食漢軍。漢軍破城，食至多，然士自載不足㠯竟師。彊者盡食畜產，羸者道死數千人。朕發酒泉驢、橐駝負食，出玉門迎軍。吏卒起張掖，不甚遠，然尙廝留甚衆。……迺者貳師敗，軍士死略離散，悲痛常在朕心。今請遠田輪臺，欲起亭隧，是擾勞天下，非所㠯優民也，今朕不忍聞。……當今務在禁苛暴，止擅賦，力本農，脩馬復令，㠯補缺，毋乏武備而已。郡國二千石各上進畜馬方略補邊狀，與計對。」（漢書西域傳卷第九十六下）

由此詔命可以明顯的看出武帝的心情與做法，政策上的轉變是勢所必至，而且是已經開始由對外的大張撻伐改爲退求休息與自保。

漢昭帝在始元元年的時候，曾下詔命，派故廷尉王平等五人，持節巡行郡國，舉賢良，「問民所疾苦、寃、失職者。」（漢書昭帝紀卷第七）始元五年六月有詔：「……其令三輔、太常，舉賢良各二人，郡國文學高第各一人。」（同上）因此有了始元六年二月的詔命有司，徵賢良文學，咨詢他們有關治亂之道與民間疾苦。而實際幕後推動並促成此事的，是建平侯杜延年（字幼公）。漢書杜延年傳說：

「見國家承武帝奢侈師旅之後，數爲大將軍（霍）光言：『年歲比不登，流民未盡還，宜修孝文時政，示㠯儉約、寬和，順天心，說民意，年歲宜應。』光納其言。舉賢良，議罷酒榷、鹽鐵，皆自延年發之。」

昭帝時霍光輔政，霍光久在武帝身邊，深知武帝晚年心境，加上當時主觀條件（國力）已弱，客觀環境（四夷）已安，消除了對外用兵的必要性。政策很自然的就轉變爲休養生息。於是久受詬病的酒榷與鹽鐵專賣，立刻成爲攻擊的目標。近年有些學者更認爲：鹽鐵會議是霍光爲了轉換政策及奪取財經大權所運用的一種雙重手段。（說詳徐復觀著兩漢思想史卷三：鹽鐵論中的政治社會文化問題。）

文學賢良們，在被徵召，並問以國政時，一致要求罷止鹽鐵、酒榷、均輸，改行重農抑商政策，示天下以節儉，不與人民爭利，然後教化可興，國家可治。而以丞相車千秋、御史大夫桑弘羊爲首的在朝公卿，仍堅持繼續下去。他們認爲這是安邊制夷、充實國用所必不可少的國家大業，不可輕言廢棄。同年秋七月（始元六年），朝廷才勉强聽從文學賢良的建議，「罷榷酤官，令民得㠯律占租，賣酒升四錢。」（漢書昭帝紀卷第七）

當時彼此兩方的詰難，十分激烈。主要的發言者是文學們，共發言一百二十三次，賢良則只發言二十六次而已。主要的答辯人是御史大夫，共發言一百一十三次，御史發言十九次，丞相史發言十一次，丞相則只簡單的說了四次話而已。那些爭論的言辭，史稱「頗有其議文」（漢書公孫劉田王楊蔡陳鄭傳卷第六十六）。漢宣帝時，汝南人桓寬說：「余覩鹽鐵之議，觀乎公卿文學賢良之論，意指殊路，各有所出。或上仁義，或務權利，異哉吾所聞。」（鹽鐵論雜論篇第六十）桓氏對雙方謀國之忠，議論之切，先表示了讚頌之意。桓氏又說：

「中山劉子雍，言王道，矯當世，復諸正，務在乎反本，直而不徼，切而不熛。斌斌然斯可謂弘博君子矣。九江祝生，奮由路之意，推史魚之節，發憤懣，刺譏公卿，介然直而不撓，可謂不畏强禦矣。桑大夫據當世，合時變，推道術，尙權利，辟略小辯，雖非正法，然巨儒宿學，惡然大（漢書引「大」作「不」。）能自解，可謂博物通士矣。」（同上）

可是桓寬對雙方的言論，則並不滿意。對文學賢良們的說法，認爲不夠詳備，而且有所蔽，說得並不透徹明晰。桓氏說：

「當此之時，豪俊並進，四方輻湊。賢良茂陵唐生、文學魯萬生之倫六十餘人，咸聚闕庭。舒六藝之諷，論太平之原。智者贊其慮，仁者明其施，勇者見其斷，辯者陳其詞。誾誾焉，侃侃焉。雖未能詳備，斯可略觀矣。然蔽於雲霧，終廢而不行，悲夫！」（同上）

桓寬對公卿們的言論，尤爲不滿。認爲他們迷信武力，不知用德，崇拜權利而不重農業。桓氏說：

「公卿知任武可以辟地，而不知德廣可以附遠；知權利可以廣用，而不知稼穡可以富國也。近者親附，遠者說德，則何爲而不成？何求而不得？不出於斯路，而附畜利長威，豈不謬哉！」（同上）

此外，對於在位公卿之不行正道、阿意苟合的作風，更大加批評。桓氏說：

「攝卿相之位，不引準繩以道化下，放在利末，不師始古。易曰：『焚如棄如。』處非其位，行非其道，果隕其性，以及厥宗（按：指桑弘羊而言）。車丞相卽周魯之列，當軸處中，括囊不言，容身而去，彼哉！彼哉（按：指車千秋而言）！若夫羣丞相御史，不能正義以輔宰相，成同類，長同行，阿意苟合，以說其上。斗筲之人，道諛之徒，何足算哉！」（同上）

桓寬十分惋惜鹽鐵政策的不能全部罷止，是因爲文學賢良們的議論不夠精深，不能駁倒對方；而他對朝廷公卿們的爲人更加不滿，於是援用既有資料，推衍當年鹽鐵的爭議，增廣條目，極其論難，才著成鹽鐵論一書。

第二節　鹽鐵論的撰著方式

鹽鐵論這本書是將一個一個的問題，以雙方問答的體裁，寫出反覆的辯難。除了對話以外，全書只有下列的少數敍述文字：

惟始元六年，有詔書使丞相、御史，與所舉賢良、文學語，問民間所疾苦。（本議篇第一）

大夫曰爲色矜而心不懌。（曰字或謂當衍，或謂當讀爲爰。）（刺復篇第十）

大夫繆然不言，蓋賢良長歎息焉。（同上）

御史默不對。（論儒篇第十一）

大夫默然，視其丞相、御史。（園池篇第十三）

御史默不答也。（未通篇第十五）

大夫不說，作色，不應也。（相刺篇第二十）

大夫曰御史（黃季剛說：「曰」當作「目」。），御史未應。（遵道篇第二十三）

丞相史默然不對。（刺議篇第二十六）

大夫視文學，悒悒而不言也。……賢良、文學皆離席，……大夫色少寬，面文學而蘇賢良曰……（國疾篇第二十八）

大夫默然。（散不足篇第二十九）

大夫勃然作色，默而不應。（救匱篇第三十）

大夫默然不對。（備胡篇第三十八）

公卿愀然，寂若無人。於是遂罷議，止詞。奏曰：「賢良、文學不明縣官事，猥以鹽鐵爲不便。請且罷郡國榷沽、關內鐵官。」奏可。（取下篇第四十一）

賢良、文學既拜，咸取列大夫，辭丞相、御史。（擊之篇第四十二）

大夫俛仰未應對。（刑德篇第五十五）

御史默然不對。（詔聖篇第五十八）

大夫憮然內慙，四據而不言。當此之時，順風承意之士，如編口張而不歙，舉舌而不下，闇然而懷重負而見責。（大論篇第五十九）

雜論第六十篇是桓寬的自序，也只是說明他個人對於當年參與討論者的一些批評，未涉及思想的發揮。而前此各篇，又都是議論雙方的言辭，桓寬不過將前列極小分量的敍述，插入雙方言辭之中，做了一些說明而已。極大的可能是他已經把自己的意見，直接加在那些對話之中了，所以沒有以編者的立場，另行發表高見。而前列的那些簡短敍述文字，明顯的在左袒賢良、文學之士，有意的諷刺朝廷上的官吏，這也足以看出桓寬的意見了。

全書的內容，由本議篇開始，談論的主題是各項經濟問題。以御史大夫桑弘羊爲主，御史、丞相爲輔，先對郡國選出的文學們展開討論。進展到國疾篇第二十八篇時，再度展開對選自三輔及太常的賢良們的討論。這中間，丞相加入，說了幾句向賢良們垂詢詳情的話。大家的討論，到取下篇第四十一篇時告一段落，結果是奏請：「罷郡國榷沽、關內鐵官。奏，可。」（鹽鐵論取下篇第四十一）（按：與漢書昭帝紀、食貨志所載不同。已見前。）參加討論的賢良、文學，獲命爲列大夫，辭別丞相、御史時，御史大夫和御史又對文學們展開了另一階段的討論，主題則以邊政、刑罰等問題爲主。

這次討論會，從始元六年二月開始，同年七月結束，爲時五個月之久。在那一個問題上曾停下休息，則不能肯定。推想當時，只是針對「民間所疾苦」這一大題目，由文學們先提出意見，再由朝廷官吏作答。一個個問題，牽涉下去，討論下去。所以本議篇、通有篇等篇題，應該是桓寬斟酌內容的段落，劃分篇次，並加上去的。每篇長短不一，簡短的只有一問一答，例如：晁錯篇、園池篇、刺議篇、箴石篇、除狹篇、後刑篇、執務篇、能言篇、取下篇、伐功篇、論鄒篇。也有一個主題，長到要分爲若干篇的，像賢良們提出國有「散不足之疾」的問題，分在國疾篇和散不足篇這兩篇裏，由散不足引出了「治聚不足」的問題，於是又由散不足篇，引申到救匱篇。

在討論過程中，常有脫離本題和攻擊人身的情形出現。桓寬在整理記錄時，並未加以剔除。大夫曾正面而直接的批評與議的衆文學說：

「文學裒（盧文弨校作褎）衣博帶，竊周公之服；鞠躬踧踖，竊仲尼之容；議論稱誦，竊商、賜之辭；刺譏言治，過管、晏之才。心卑卿相，志小萬乘。及授之政，昏亂不治。……噫，諸生闒茸無行，多言而不用，情貌不相副。若穿踰（王利器曰：踰當作窬。）之盜，自古而患之。」

（鹽鐵論利議篇第二十七）

文學也不甘示弱，反脣相譏說：

「今公卿處尊位，執天下之要，十有餘年，功德不施於天下，而勤勞於百姓，百姓貧陋困窮，而私家累萬金。此君子所恥，而伐檀所刺也。昔者商鞅相秦，後禮讓，先貪鄙，尙首功，務進取，無德厚於民，而嚴刑罰於國，俗日壞而民滋怨，故惠王烹菹其身以謝天下。當此之時，亦不能論事矣。今執政患儒貧賤而多言，儒亦憂執事富貴而多患也。」（鹽鐵論國疾篇第二十八）

大夫批評儒生虛有其表，若穿窬之盜；文學則批評大夫富貴不行，恐難善終。如此互相攻訐，已失去討論問題的態度，將眞正的討論主題置棄不談，尤爲不當。幸而丞相史出來打圓場，說公道話，才平息此一火爆場面，大家歸座再談。丞相史說：

「夫辯國家之政事，論執政之得失，何不徐徐道理相喻，何至切切如此乎？大夫難罷鹽鐵者，非有私也，憂國家之用，邊境之費也。諸生誾誾爭鹽鐵，亦非爲己也，欲反之於古而輔成仁義也。二者各有所宗，時世異務，又安可堅任古術而非今之理也？且去小雅非人，必有以易之。諸生若有能安集國中，懷來遠方，使邊境無寇虜之災，租稅盡爲諸生除之！何況鹽鐵均輸乎？所以貴術儒者，貴其處謙推讓，以道盡人。今辯訟愕愕然，無赤、賜之辭，而見鄙倍之色，非所聞也。大夫言過，而諸生亦如之。諸生不直謝大夫耳。」（同上）

像以上這些題外的攻訐話，桓寬也都依照討論過程，照實編錄，而未以己意定其取捨，以致於使讀者常有一個討論主題，被分割若干處之感。章太炎先生在其國故論衡論式篇中，卽曾做過這種批評：

「漢論著者，莫如鹽鐵。然觀其駁議，御史大夫、丞相史言此，而文學、賢良言彼，不相剴切。有時牽引小事，攻劫無已，則論已離其宗；或有卻擊如罵，侮弄如嘲，故發言終日而不得其所凝止。其文雖博麗哉，以持論則不中矣！」

可見桓寬雖然想藉此書的編著，深究治亂的因果，而成一家之言，事實上卻失敗了。主要是他在取材上，前有所因，不能打破當初記錄對話的形式，另行組織綱目，吸收他人言論精華，融會自己的意見，以完成一家之言。可是他這項整理工作的價值，是不可磨滅的，大有助於後人對漢代歷史的研究。

第二章　鹽鐵論的著者與書中重要人物

第一節　桓寬

鹽鐵論的作者是桓寬，他的生平僅概略附見於漢書他人列傳的贊語中。班固說：

「所謂鹽鐵議者，起始元中，徵文學賢良問以治亂。皆對願罷郡國鹽鐵酒榷均輸，務本抑末，毋與天下爭利，然後化可興。御史大夫弘羊，以爲此乃所以安邊竟、制四夷，國家大業，不可廢也。當時相詰難，頗有其議文。

「至宣帝時，汝南桓寬次公，治公羊春秋。舉爲郎，至廬江太守丞。博通善屬文，推衍鹽鐵之議，增廣條目，極其論難，著數萬言，亦欲以究治亂，成一家之法焉。

「其辭曰：『觀公卿賢良文學之議，異乎吾所聞。聞汝南朱生言，當此之時，英俊並進，賢良茂陵唐生、文學魯國萬生之徒，六十有餘人，咸聚闕庭，舒六藝之風，陳治平之原。知者贊其慮，仁者明其施，勇者見其斷，辯者騁其辭。齗齗焉，行行焉，雖未詳備，斯可略觀矣。中山劉子，推言王道，撟當世反諸正，彬彬然弘博君子也。九江祝生，奮史魚之節，發憤懣，譏公卿，介然直而不撓，可謂不畏彊圉矣。桑大夫據當世，合時變，上權利之略，雖非正法，鉅儒宿學不能自解，博物通達之士也。然攝公卿之柄，不師古始，放於末利，處非其位，行非其道，果隕其性，以及厥宗。車丞相履伊呂之列，當軸處中，括囊不言，容身而去，彼哉彼哉。若夫丞相御史兩府之士，不能正議以輔宰相，成同類，長同行，阿意苟合，以說其上，斗筲之徒，何足選也。』」（漢書公孫劉田王楊蔡陳鄭列傳卷第六十六）

班固首先簡單說明鹽鐵議論的始末，接着簡介桓寬其人，最後引述桓寬對參與鹽鐵議論的各方面人士的一些評論。在這一段文字中，眞正談到桓寬生平的，僅寥寥數語。吾人僅可略知其字次公，汝南人。漢宣帝時被舉爲郎，曾官廬江太守丞。其人博通而善屬文，治公羊春秋。漢景帝時有齊人胡毋生治公羊春秋，與董仲舒同業。胡毋生有弟子蘭陵褚大、東平嬴公、廣川段仲、溫呂步舒。而董仲舒弟子極衆，轉相傳授，有未見董生面者。桓寬究從何人受公羊學，實不敢定。

明代歸有光輯評諸子彙函，有「貞山子」，收錄鹽鐵論中的本議、力耕、通有、刺復、輕重、論功等六篇。歸氏說：「桓寬，東漢桓靈時爲御史大夫，博極羣書，著『鹽鐵』及『新論』。幼讀書貞山，因名貞山子。」（見國立中央圖書館藏明天啟五年刋本歸有光諸子彙函第二十二卷）。歸氏之說先誤其時代，又誤其官爵，不可信。

鹽鐵政策存廢之爭，代表民間的是許多賢良、文學，如賢良茂陵唐生、文學魯國萬生、中山劉子雍、九江祝生之流六十餘人，惜其事蹟都不能詳知。官方則是以丞相車千秋和御史大夫桑弘羊爲代表。

第二節 車千秋

車千秋，本姓田，其先人爲齊國諸田氏，後徙居長陵（漢高祖葬地，在今陝西省咸陽縣東，漢置長陵縣。）。爲丞相後，因爲年老，昭帝優禮有加，特准他在朝見時可以乘小車逕入宮殿中，遂被稱爲「車丞相」。其子孫就此改姓「車」。

車千秋在武帝時原爲高寢郎，掌護衞高帝廟。那時，衞太子被江充所譖毀，敗亡。後來，車千秋上書爲太子申寃說：「子弄父兵，罪當笞；天子之子過誤殺人，當何罪哉？臣嘗夢見一白頭翁教臣言。」（公孫劉田王楊蔡陳鄭傳卷第六十六）武帝後來也感到太子惶恐並無他意，見到千秋上書，更加後悔，就召見了千秋。看到他身長八尺有餘，相貌極好，武帝十分喜歡他。對他說：「父子之間，人所難言也，公獨明其不然。此高廟神靈使公教我，公當遂爲吾輔佐。」（同上）立即拜千秋爲大鴻臚。數月之後，又代劉屈氂爲丞相，時在武帝征和四年六月。

車千秋沒有赫赫之功，也非博學之士，卻能夠在極短時間扶搖直上，在西漢一代甚爲突出。武帝晚年轉思務農，於是封千秋爲「富民侯」。千秋爲人敦厚有智，見武帝爲太子事，誅罰太多，羣下恐懼，於是與御史等上壽頌德，勸武帝施恩惠，緩刑罰，聽音樂，養志神。以後歲餘，武帝疾，千秋與霍光等同受遺詔輔政。昭帝初立，大事都決定於霍光，千秋居丞相位，謹厚而有重德，每次公卿朝會，不肯有所建言，昭帝始元六年，鹽鐵爭議開始，千秋也並未幫助賢良文學們徹底廢除鹽鐵等措施，只是罷了酒榷而已，所以桓寬對他的不肯作主，深表不滿。

桑弘羊因爲謀反不成，被誅。他的兒子桑遷逃亡時，曾匿居弘羊故吏侯史吳處。後來桑遷被捕，伏法。侯史吳乘大赦時自首，廷尉王平和少府徐仁，認爲侯史吳所藏匿的桑遷只是一個從犯，不是主謀，於是根據大赦令免了侯史吳的罪。但是侍御史却認爲桑遷是同謀，而侯史吳又曾任公職，應當有罪，因而王平、徐仁也犯了放縱之罪。徐仁正是車千秋女婿，所以車千秋屢次爲侯史吳說話，但又恐怕霍光不聽，於是召集中二千石博士等會於公車門，議論侯史吳的罪狀。不料大家畏懼霍光，都說侯史吳有罪。車千秋第二天封上衆議，霍光怪丞相擅召大臣，並下王平、徐仁於獄，兩人的罪名是「弄法輕重」（漢書杜周傳卷第六十）及「縱反者」（漢書昭帝紀卷第七）。在昭帝元鳳三年夏四月，徐仁自殺，王平腰斬。當時大家都害怕會牽連到車千秋，幸而杜延年勸霍光說：

「吏縱罪人，有常法。今更詆吳爲不道，恐於法深。又丞相素無所守持，而爲好言於下，盡其素行也。至擅召中二千石，甚無狀。延年愚，以爲丞相久故，及先帝用事，非有大故，不可棄也。間者民頗言獄深，吏爲峻詆。今丞相所議，又獄事也。如是以及丞相，恐不合衆心，羣下讙譁，庶人私議，流言四布，延年竊重將軍失此名於天下也。」（漢書杜周傳卷第六十）

這是桑弘羊謀反案的餘波，牽連到車千秋，幸有杜延年的力爭，才得無事。車千秋爲相達十二年之久，在昭帝元鳳四年薨，謚定侯。

第三節　桑弘羊

桑弘羊，史記、漢書都無傳。其生平僅散見於漢書食貨志等文章中。民國十五年，朱希祖先生作桑弘羊之經濟政策一文謂：「至若桑弘羊之經濟政策，同時卽爲一種社會政策，非有年經事緯以細密觀察，不足以綜其始末，明其效驗。余故爲之粗立年表，以補史記漢書之闕焉。」於是編成桑弘羊年譜一種。民國二十三年服務於河南省政府的馬元材先生，不滿意於朱氏所作的年譜，遂另作桑弘羊年譜一種問世。桑氏生平與事功，於是略可考見。

桑氏的出仕，據漢書食貨志下篇載：

「於是㠯東郭咸陽、孔僅爲大農丞，領鹽鐵事。而桑弘羊貴幸。咸陽，齊之大鬻鹽；孔僅，南陽大冶；皆致產累千金，故鄭當時進言之。弘羊，洛陽賈人之子，㠯心計，年十三侍中。故三人言利事析秋豪矣。」

按：漢書武帝紀載：作昆明池在元狩三年的秋天，而造白金、皮幣則在元狩四年的冬天，此文上承造皮幣暨銀錫白金事，下接作昆池事，再下接「其明年，大將軍、票騎大出擊胡」事。同年夏大將軍等出擊胡。可見漢書食貨志敍事，並不以時間先後爲次序。推荐人大農令鄭當時，據百官公卿表，以元光五年任大農令，凡十一年，在元狩三年免。他推荐東郭咸陽與孔僅的時間應該在這十一年中間，比較可能的時間是元狩年間，並無確切資料可資認定實際年代。敍次附及的桑弘羊，不在鄭當時推荐之內。於是桑氏年十三貴幸的時間，更無法肯定了。桑氏自稱：「余結髮束修，年十三，幸得宿衞，給事輦轂之下，以至卿大夫之位，獲祿受賜，六十有餘年矣。」（鹽鐵論貧富篇第十七）考漢武在位五十四年，桑氏此語在昭帝始元六年，前後才六十年，則此語之可靠性尚有待研究。且六十餘年亦爲不肯定語，不足據以推斷確實年代。朱希祖氏以爲桑氏年十三爲侍中在元光六年，馬元材則以爲當在建元元年，錄此二說，以供參考。

武帝元鼎二年，南陽人孔僅爲大司農（據漢書百官公卿表卷第十九），「而桑弘羊爲大司農中丞，管諸會計事，稍稍置均輸㠯通貨物。」（漢書食貨志卷第二十四下）元封元年，「桑弘羊爲治粟都尉，領大農，盡代僅斡天下鹽鐵。」（同上）此時，桑氏提出均輸、平準之法，以朝廷力量調節盈虛與平抑物價。並主張：

「令民得入粟補吏，及罪㠯贖。令民入粟甘泉各有差，㠯復終身，不復告緡。它郡各輸急處，而諸農各致粟，山東漕益歲六百萬石。一歲之中，太倉、甘泉倉滿。邊餘穀，諸均輸帛五百萬匹。民不益賦而天下用饒。」（同上）

不但政府財政充裕，武帝私人開支也有來源，於是武帝賜桑弘羊爵左庶長，並兩度厚賞黃金百斤。弘羊貴幸時，歲有小旱，武帝命百官求雨，卜式深恨弘羊與民爭利，於是說：

「縣官當食租衣稅而已，今弘羊令吏坐市列，販物求利。亨弘羊，天乃雨。」（同上）

天漢四年，桑弘羊貶爲搜粟都尉。

武帝初通西域，置校尉，屯田渠犂。連年出師，海內空虛。征和三年，李廣利又以軍降匈奴，武帝頗悔征伐過多，搜粟都尉桑弘羊與丞相、御史共同奏請屯田輪臺，以安西域，武帝以爲屯田又將擾民而未從。當時他們的建議是：

「故輪臺㠯東，捷枝渠犂皆故國，地廣，饒水草，有溉田五千頃㠯上，處溫和，田美，可益通溝渠，種五穀，與中國同時孰。其旁國少錐刀，貴黃金采繒，可㠯易穀食，宜給足不可乏（王念孫曰：不當有可字。）。臣愚㠯爲可遣屯田卒詣故輪臺㠯東，置校尉三人分護，各舉圖地形，通利溝渠，務使㠯時益種五穀。張掖酒泉，遣騎假司馬爲斥候，屬校尉，事有便宜，因騎置㠯聞。田一歲有積穀，募民壯健有累重敢徙者詣田所，就畜積爲本業，益墾溉田，稍築列亭，連城而西，㠯威西國，輔烏孫，爲便。臣謹遣徵事臣昌分部行邊，嚴敕太守都尉明烽火，選士馬，謹斥候，蓄茭草。願陛下遣使使西國，㠯安其意，臣昧死請。」（漢書西域傳第九十六下）

通西域以斷匈奴右臂，是漢武帝的策略，與其用兵西域，不如屯田西域，一則可以節省軍費，再則可以募民實邊，三則可以達到控制西域的目的。於是以桑弘羊爲首，倡議屯田輪臺，可惜武帝已無此雄心，遂作罷論。不過桑弘羊的建議，在昭帝元鳳四年被舊案重提，並且決定以杅彌國太子賴丹爲校尉將軍，田輪臺。

武帝後元二年二月，拜桑弘羊爲御史大夫。弘羊後又受遺命與霍光等人共同輔政。昭帝始元六年，賢良文學之士反對鹽鐵新政，弘羊堅持國家財政依賴鹽鐵等措施，不可言廢，只停了酒酤而已。弘羊為御史大夫八年，自以為有功於國家，自誇功勞。昭帝元鳳元年九月，弘羊為了給子弟謀官職，怨望大將軍霍光，遂與燕王旦、上官桀等人謀反；事不成，被誅。

杜延年勸霍光舉賢良文學，議罷鹽鐵酒榷，結果受挫於車千秋、桑弘羊，僅罷酒榷而已。燕王之反，即杜延年所舉發，且以此立功封為建平侯。而逐捕桑弘羊的，正是杜延年之父杜周，杜周更因此而升遷為御史大夫。朱希祖先生在桑弘羊年譜中以為爭論鹽鐵存廢時，「丞相車千秋當軸不言，容身而去；御史大夫獨爭以為不可廢。其後僅罷酒榷，而杜延年之計不售，未必不懷恨於心。燕王之反，延年首發其謀，桑弘羊以論鹽鐵伐其功，故遭波及。車千秋容身不言，乃得獨免。桑遷、侯史吳之獄，延年獨救千秋。余深疑弘羊之罪，為杜氏所羅織牽入。故班固譏其刻深，每書弘羊之獄，必加『及』字以別之。」（朱希祖先生文集）

第三章　鹽鐵論的版本與校釋

第一節　鹽鐵論的版本

漢書藝文志諸子略儒家部分，著錄：「鹽鐵論六十篇」；隋書、兩唐書、宋史諸志，均著錄：「鹽鐵論十卷」，列之儒家。黃虞稷千頃堂書目，則改隸入史部食貨類，乃就其書名歸類，而非依其內容分部。按此書所說，大多爲經濟問題，旁及治亂、民生等重大國政，並非單純食貨之書。而透過這些重大問題的探討與爭議，可以看出其思想上的歧異。經過桓寬之手以後，儒家思想的發揮，變得比較突出，歸之子部儒家較妥。

今日臺灣易見到的鹽鐵論版本，有下列各本：

一、明涂楨覆宋本　十卷，六十篇。有商務印書館四部叢刊本、影印明刊兩京遺編本。

涂楨，字賓賢，新淦（在今江西省）人。嘗自謂：「遊學宮時，得漢廬江太守丞汝南桓寬次公所著鹽鐵論。讀之，愛其辭博、其論覈，可以施之天下國家，非空言也。惜所鈔紙墨，歲久漫漶，或不能句，有遺恨焉。」（兩京遺編鹽鐵論涂楨識語）明孝宗弘治十四年，涂氏任江陰令，得到宋嘉泰壬

戌刻本於薦紳家，如獲拱璧。於是利用公餘閒暇之時，「手校是書，仍捐俸刻之。」（兩京遺編都穆鹽鐵論後序）

按：四部叢刊本，乃據長沙葉德輝氏藏明涂楨本印行，而與明萬曆胡維新的兩京遺編本，行款不同。四部叢刊本前有都穆序，題爲新刊鹽鐵論，無涂楨識語。兩京遺編本在書末有都穆後序及涂楨識語。

二、明張之象注本 十二卷，六十篇。有四庫全書本、廣漢魏叢書本、增訂漢魏叢書本、中國子學名著集成本。

張之象，字元超，雲間（今江蘇省松江縣）人。明嘉靖中，曾官浙江按察司知事。張氏是爲鹽鐵論作注的第一人，但是誤謬不少，且妄分篇卷，頗爲後人所譏。清盧文弨著羣書拾補，曾以永樂大典中所載者，及明弘治涂楨刋本，校正張注本之誤字、衍字、疑字，並發現書中古字皆張氏所改，且音多土音，不足爲據。但是張氏創始的功勞，亦有不可沒者。

中國子學名著集成本，係中國子學名著集成編印基金會向國立中央圖書館借印明世宗嘉靖三十三年，雲間張氏猗蘭堂刋本。此本有清人顧廣圻的批語，在今日張注各本中爲最好。清光緒年間，湖北崇文書局刋百子全書，民國八年上海掃葉山房刋圈點百子全書，均用張之象本，唯均刪去注文，且六十篇分上下兩卷而已。

三、清張敦仁考證本 十卷，六十篇。有世界書局諸子集成本。

張敦仁，號古餘，陽城（在今山西省）人。清仁宗嘉慶十二年，他重刻鹽鐵論，並附考證一卷。張氏說：「予向恨不見善本，近因顧千里（廣圻），得宏（弘）治十四年江陰令新淦涂楨依嘉泰壬戌本所刻，及其後錫山華氏活字所印，細爲校讀，知張之象之不可據，在盧（按：指盧文弨氏。）所云外者甚多。而盧又時出己見，頗有違失，亦未可全據也。爰取涂本重刻於江寧，撰考證一卷附後，審正其文，粗涉義例，以貽留意此書者。」（世界書局張敦仁鹽鐵論考證）

顧廣圻爲作後序，極贊張氏考證之功，並略論各篇疑義者六條。顧氏後序說：「古餘先生雅好是書，用功甚深。既刻涂楨本，而附之考證，所以正其蹐，理其紛者，皆精心獨詣，刋落常聞，批郤導窾，不假穿鑿，眞有如兒說之解蔽結也。閒與廣圻往復講論，援引載籍，旁推交通，多得要領。」張氏考證的貢獻，觀此可以知矣。

四、清王先謙校勘本　十卷，六十篇。有中華書局四部備要本。

王先謙，字益吾，長沙人。此本乃光緒十七年，長沙思賢講舍初刻。王氏之校勘，係將盧文弨羣書拾補與張敦仁考證，散列於正文之下，以便於觀覽。又將他平日與湘潭王啟原（字君豫）、胡元常（字子彝），討論的心得加入。書中稱「王云」、「胡云」的卽是。最後王氏再加以補釋，並取唐宋類書所徵引者，悉心校訂，別爲校勘小識一卷。鹽鐵論一書至此更爲可讀了。

中華書局四部備要本，書前有張敦仁考證序、顧廣圻後序、都穆序、涂楨識語。書末有王氏校勘小識、校勘一卷及王氏後序一篇。

現在臺灣公藏的鹽鐵論善本，有下列各種：

㈠中央圖書館收藏者，有：

1.明萬曆十年餘姚胡維新刋兩京遺編本。分十卷六册與十卷二册兩種。

2.明萬曆十四年張氏星聚堂刋本。十卷四册。

3.明嘉靖三十三年雲間張氏猗蘭堂刋本。有十二卷十二册、十二卷六册、十二卷四册三種。十二卷四册本有清顧廣圻手批並跋，即前第二項中國子學名著所影印之本。

4.明末葉刋本。十二卷六册，張之象注，鍾惺評。中央圖書館臺灣分館有十二卷三册的鍾惺評明末刋本一種。

5.明末武林何允中刋漢魏叢書本。明張之象注。十二卷六册。

6.清乾隆六十年吳門黃氏士禮居抄本。清顧廣圻、黃丕烈各手校並跋。十卷一册。原藏北平圖書館。

7.明天啟五年歸有光諸子彙函本。彙函第二十二卷貞山子中，只收鹽鐵論本議、力耕、通有、刺復、輕重、論功六篇。

㈡中央研究院歷史語言研究所收藏者，有：

1.明嘉靖間刋本。十卷四册。

2.明刋本。十卷六册。

3.明嘉靖三十三年，雲間張氏猗蘭堂刋本。張之象注，十二卷十二册。

至於鹽鐵論的早期版本，據中央研究院院士勞榦氏的研究，有下列各本：明弘治涂楨覆宋嘉泰本、弘治無錫華氏刊活字本、攖寧齋抄本、嘉靖倪邦彥刊本、九行十八字本、嘉靖張之象注本、萬曆胡維新兩京遺編本、萬曆張裒太玄書室本、沈延銓刊本等。以上皆爲明本，而總彙於清嘉慶張敦仁考證本。上述各本，或爲傅增湘先生雙鑑樓藏書，或爲北平圖書館藏書，皆屬珍本。勞氏取以互校，並述各本源流，成鹽鐵論校記一文。民國三十四年刊於中央研究院歷史語言研究所集刊。近年臺北藝文印書館印行勞榦學術論文集甲編，亦收錄此文。

第二節　鹽鐵論的校釋

民國以來，對鹽鐵論一書的校勘與注釋，頗不乏人。如：徐德培、林振翰、楊樹達、王佩諍、王利器諸家的著作，今日還十分易見。茲簡介如次：

一、**徐德培：鹽鐵論集釋**　十卷，六十篇。見臺北廣文書局的中國哲學思想要籍叢編。

徐德培，字南村，興化人。書前有夏孫桐氏讀後識語，題己卯仲冬。按：王先謙校勘本出版於光緒十七年辛卯，迄今唯民國二十八年歲次己卯，此書之作，當在此時。夏氏識語之後，有南村手抄遊事所賦之詩並識語。全書之末，列都穆、張敦仁、涂楨、顧廣圻、王先謙諸人之序與王氏校勘小識。徐氏作此書乃公務餘暇所爲，其集釋以王先謙所刊者爲定本，且將王氏的校勘，分列正文之下。

又益以洪頤煊、孫詒讓、俞樾、王念孫父子諸人之說，集而釋之。

二、林振翰：校釋鹽鐵論　六十篇，不分卷。見臺北商務印書館的國學基本叢書。

林氏校釋，以光緒十七年長沙思賢講舍所刻王先謙校本爲依據，有校有釋。所校係以四部叢刊的涂本與張之象注本，重校王先謙本，編成校補一卷，謂：「茲査四部叢刊影印涂本，多與張之象本相合。可知張敦仁重刊，係另一涂本，而張之象所依據或卽四部叢刊所影印之版本。」（林氏校補按語）注則取張敦仁、盧文弨、王先謙諸人，兼及嚴復所譯原富一書。並另撰成釋義，取中西經濟學說，參以己見，對用人、理財方面，尤多發揮。這是本書的特點。

書前有王先謙兩序、顧序、都序、涂序與例言。例言中附有桑弘羊、車千秋、桓寬的傳略，並附論兩漢鹽鐵制的大略，以幫助讀者瞭解。書末附校補、釋義，與書前諸注序者的事蹟小考證。

三、楊樹達：鹽鐵論要釋　見臺北世界書局的增訂中國學術名著第一輯、增補中國思想名著第四册。

楊樹達，字遇夫，長沙人。此書除疏釋與注明典故出處外，兼及考證、校勘，於王先謙以上諸人的研究考證，多所辨正。唯此書無原文，只列出所注釋校勘的原句，故應配合鹽鐵論原書讀之。且六十篇中擊之第四十二，伐功第四十五，兩篇無釋。

四、王利器：鹽鐵論校注　十卷，六十篇，另目錄一卷，附錄二卷。

王佩諍：鹽鐵論札記　六十篇，不分卷。此兩書合刊。見臺北世界書局的中國學術名著第五輯、中國思想名著二編第五册。

王佩諍的鹽鐵論札記，無原文，只在某句下作文字校勘與注釋。前人訓詁校勘的意見，都參考採取，並旁及各種雜著中的材料；甚至引用了一本閩縣陳壽祺所著、長沙王先謙校本補正的未刋稿。可謂旁徵博引，用功甚深。

王利器鹽鐵論校注的校與注，都極精深可觀，最便閱讀與參考。校勘方面，所用的版本，最爲廣博，有前人未及採用者，如：金蟠本、楊沂孫校本。而以本書文字互校互注，亦爲一大特色。注釋方面，引古今人說，多達二十餘種。唯未見採用徐德培、林振翰二氏之說。其注釋之詳盡，亦爲前此諸書所不及。各篇篇題的注釋，卽爲解題，概述全篇大旨，甚便初學。

附錄一爲王氏所校勘各本的序文。題跋則收入附錄二。附錄一計有：都穆序、涂禎序、倪邦彥序、張之象序、沈延銓本李元鼎序、金蟠序、張敦仁重刻鹽鐵論幷考證序、顧廣圻鹽鐵論考證後序、王先謙序、王先謙校勘小識記。附錄二計有：明攖寧齋鈔本題識、傳錄華氏活字本題識、九行本題識。

結　語

我國子部典籍，以闡揚一家之言爲主。雖然思想界有九流十家之分，但是都能持之有故，言之成理，讀了可以啟廸智慧，增廣見聞。西漢昭帝時曾徵召天下學者，所謂賢良與文學之流六十餘人，到朝廷和當時執政的公卿，討論施政良窳、民生疾苦。集合學者，周諮博訪，以共謀國是。當時的討論事關國計民生，所以有文字紀錄。汝南人桓寬，有感於賢良文學的意見，未受朝廷重視並全部採納，於是將原有的紀錄加以整理，並作補充發揮。因爲桓寬同情賢良文學這一方，所以他的補充以此爲重點。可是他却拘泥於紀錄的固定形式，所以在以問答對話方式寫成的鹽鐵論一書中，我們並不能很明顯的看出桓寬個人的思想，尤其是他與賢良文學們不同的獨到之見。經過這種方式的整理，使這一部列於子部的思想著作，與其他成一家之言、有獨立思想體系的子書不同。但它又絕不是集體的創作，而是一部匯集某一時期某一類學者意見的總集。這是本書的一大特點。

由於桓寬增廣了原有的條目，參加了自己的意見，於是這本書的形式，不但不是純正的一家之言，甚至也不是當初客觀的會議紀錄了。本書內容博而且雜，涵蓋面甚廣。雖然以記載參與討論雙方，對許多現實問題的爭議爲主，但是其中包括了政治、經濟、社會、軍事等各方面的問題。這些都是現實的施政利弊的探討，因此我們可以視之爲一本政論性的書。若是研究歷史，它提供了西漢綜合性的歷史資料。一切問題因財經改革而起，改革本身暨其影響又是如此的重大與具有意義，於是它更是一部重要的財經巨著。施政和言論，都是一種思想的顯現，而辯論的方式，更使人必須將自己的思想觀念淋漓盡致的表現出來。透過對許多實際問題的意見表達，我們正可瞭解漢儒在政經、軍事等方面的思想。桓寬個人意見的補充增益，更加强了這種思想性。古人部列諸書，將鹽鐵論歸之子部儒家類，正是着眼於此。綜上所述，鹽鐵論一書的價値極高，是一部可供多方面研究之用的書。簡單的會議紀錄，未必能保存流傳至今，這其中桓寬的整理編著之功，實不可沒。吾人若能藉此書而得若干經驗，皆拜桓寬之賜。

第二篇　西漢鹽鐵政策的背景和實際作法

本篇以研究西漢武帝時期，實行財經改革的背景和各項改革措施爲主。亦卽探討鹽鐵論書中所記錄的各項問題，被引起爭議的基本原因。首先追溯漢初開國，重農輕商，休養生息以厚植國力的政策。次及漢武帝的開疆拓土所導致的財政困難、國疲民困的情況。漢初的與民休息和漢武的大舉征伐，都受主客觀不同因素的影響，也就是時勢如此，不得不然。由於漢武帝的能放而不能收，過度的用兵，幾乎兩敗俱傷。戰爭靠人力和物力，所以爲了應付實際的需要，產生了增加賦稅、更換貨幣、鹽鐵專賣、酒榷和均輸平準等財經改革措施。

這些新財經措施，受到當時及稍後的儒生們的嚴厲攻擊。認爲是在與民爭利，捨本（農）逐末（工商）。反對者雖然言之痛切，但是始終動搖不了這些措施。一則因爲攸關國家財政，再則，這些措施的本身，有其可取之處，不可能輕言廢棄。更要注意的是，這些措施對後代有不可輕忽的影響。

第一章　休養生息、厚植國力

第一節　重農務本

春秋時代，一則諸侯爭霸，互爭雄長；一則工商興起，農業衰落；以致政治、經濟等問題相繼發生。因爲變動劇烈，使得社會擾攘，民不安居。下而戰國，爭戰愈急，兼併轉激；仰事俯蓄，已不能濟。秦人一統，陵虐萬民，不施仁義，百姓敢怒不敢言，不旋踵而滅秦族。高祖起於布衣，約法三章，天下歸心，蕭規曹隨，百姓安堵。黃老爲政，而有文景之治。綜觀高祖至景帝時期，爲長久戰亂，巨大變動後的喘息恢復時期，一切以與民休息爲上，以厚植國力爲要。政治步上常軌，經濟重視農耕，社會遂漸趨於穩定與富足。

秦亡後，楚漢又相爭，導致人民荒廢本業，造成大饑饉。當時「丈夫從軍旅，老弱轉糧饟，作業劇而財匱。自天子不能具鈞駟，而將相或乘牛車，齊民無藏蓋。」（史記平準書卷第三十）漢定天下，旋又征討叛亂的功臣，不得休息，「凡米石五千，人相食，死者過半。高祖乃令民得賣子，就食蜀漢。」（漢書食貨志卷第二十四上）漢初人民生活之困苦，可見一斑，然終高祖之世，無暇富民裕國。

惠帝一卽位，就「減田租，復十五稅一。」（漢書惠帝紀卷第二）四年，再「舉民孝弟力田者，復其身。」（同上）先減輕人民的租稅負擔，再奬勵增產之人，以求振興農業，改善民生與經濟。高后元年，「初置孝弟力田二千石者一人」（漢書高后紀卷第三）。這是更進一步的特置官爵，尊其地位，用以激勵天下，敦行務本。經此努力，人民生活已漸好轉，而其富足，則有待文景之世。

文帝卽位，躬行節儉，以爲表率。當時人民却頗趨工商而不務耕農。賈誼爲此上書說：

「莞子曰：『倉廩實而知禮節』。民不足而可治者，自古及今，未之嘗聞。古之人曰：『一夫不耕，或受之飢；一女不織，或受之寒。』生之有時，而用之亡度，則物力必屈。古之治天下，至孅至悉也，故其畜積足恃。今背本而趨末，食者甚衆，是天下之大殘也；淫侈之俗，日日㠯長，是天下之大賊也。殘賊公行，莫之或止，大命將泛，莫之振救。生之者甚少，而靡之者甚多，天下財產何得不蹷？……

「夫積貯者，天下之大命也。苟粟多而財有餘，何爲而不成？㠯攻則取，㠯守則固，㠯戰則勝。懷敵附遠，何招而不至？今敺民而歸之農，皆著於本，使天下各食其力，末技游食之民轉而緣南晦，則畜積足而人樂其所矣。可㠯爲富安天下，而直爲此廩廩也，竊爲陛下惜之！」（漢書食貨志卷第二十四上）

文帝於是在二年正月下詔：

「夫農，天下之本也。其開藉田，朕親率耕，㠯給宗廟粢盛。……」（漢書文帝紀卷第四）

皇帝自己劃出一塊田地，親自耕種。如此努力的勸農務本，但是績效不彰，商人的勢力仍陵駕在農人之上。其主要原因是：付出的勞力小，獲得的利潤大，而且有了錢更可以交通王侯，抗衡官府，甚而兼并農人。農人則終年勞苦，不得溫飽。雖然從漢高祖時，就對商人加以約束，像：「毋得衣錦繡綺穀絺紵罽，操兵，乘騎馬。」（漢書高帝紀卷第一，八年）而且「重租稅以困辱之」（史記平準書卷第三十）、「市井之子孫亦不得仕宦爲吏」（同上），但是商人仍增加甚多，而且既富且貴。晁錯爲此痛心疾首，上書文帝：

「……今海內爲一，土地人民之衆不避湯、禹，加㠯亡天災數年之水旱，而畜積未及者，何也？地有遺利，民有餘力，生穀之土未盡墾，山澤之利未盡出也，游食之民未盡歸農也。民貧，則姦邪生。貧生於不足，不足生於不農，不農則不地著，不地著則離鄉輕家，民如鳥獸。雖有高城深池，嚴法重刑，猶不能禁也。……方今之務，莫若使民務農而已矣。欲民務農，在於貴粟；貴粟之道，在於使民㠯粟爲賞罰。今募天下入粟縣官，得㠯拜爵，得㠯除罪。如此，富人有爵，農民有錢，粟有所渫。夫能入粟㠯受爵，皆有餘者也；取於有餘，㠯供上用，則貧民之賦可損，所謂損有餘補不足，令出而民利者也。順於民心，所補者三：一曰主用足，二曰民賦少，三曰勸農功。……」（漢書食貨志卷第二十四上）

文帝聽從此一建議，令民入粟實邊。晁錯遂再進言：

「邊食足㠯支五歲，可令入粟郡縣矣。足支一歲㠯上，可時赦，勿收農民租。」（同上）

文帝於是在十二年下詔免當年農民租稅之半，並且「目戶口率置三老孝悌力田常員，令各率其意目道民焉。」（漢書文帝紀卷第四）十三年六月，又詔命免除民田租稅。

景帝時，仍貫徹重農政策。景帝元年，令田半租。又曾屢次飭命官吏，努力勸農，並不准「貨賂爲市，漁奪百姓，侵牟萬民。」（漢書景帝紀卷第五，後二年）帝后並親自耕桑，以爲天下表率。多年的努力，所獲得的成果是：

「至武帝之初七十年閒，國家亡事。非遇水旱，則民人給家足，都鄙廩庾盡滿，而府庫餘財。京師之錢累百鉅萬，貫朽而不可校。太倉之粟陳陳相因，充溢露積於外，腐敗不可食。衆庶街巷有馬，仟伯之閒成羣，乘牸牝者擯而不得會聚。守閭閻者食粱肉；爲吏者長子孫；居官者目爲姓號。人人自愛而重犯法，先行誼而黜媿辱焉。」（漢書食貨志卷第二十四上）

這眞是一幅國泰民安，舒適富裕的景象。

第二節　懷柔和親

高祖開國，疲於兵革之時，正當匈奴雄主冒頓單于，擁控弦之士三十餘萬，威震北方之際。高祖六年，匈奴圍攻馬邑，韓王信降匈奴。匈奴引兵南踰句注，攻太原，直抵晉陽。高祖親征，値寒冬大雪，士卒受凍而墮指者，十分之二三。匈奴佯敗，且以老弱誘漢兵，高祖率步兵三十二萬，北逐匈奴。

大兵未至，高祖先抵平城，冒頓率精銳騎兵三十餘萬，圍高祖於白登，前後凡七日。陳平獻計厚賂閼氏，才得脫險。百姓哀歌道：「平城之下亦誠苦，七日不食，不能彀（顏師古說：張也。）弩。」（漢書匈奴傳卷第九十四上）

經此打擊，乃有到武帝初年一直運用的和親政策。

高祖「使劉敬奉宗室女翁主爲單于閼氏；歲奉匈奴絮繒、酒食物各有數。」（漢書匈奴傳卷第九十四上）雙方約爲兄弟，以求和親。惠帝高后時，冒頓驕狂，曾致書高后：

「孤僨之君，生於沮澤之中，長於平野牛馬之域，數至邊境，願遊中國。陛下獨立，孤僨獨居。兩主不樂，無㠯自虞。願㠯所有，易其所無。」（同上）

語氣傲慢無禮，呂后大怒。欲斬其使者，發兵擊之。樊噲自願以十萬衆橫行匈奴。季布則認爲平城戰後，傷病甫愈，不宜興兵搖動天下。且夷狄譬如禽獸，得其善言不足喜，惡言不足怒。事實上當時漢朝力量不足，欲伐而無力，無可如何只有忍耐。於是令大謁者張澤報書說：

「單于不忘弊邑，賜之㠯書，弊邑恐懼。……弊邑無罪，宜在見赦。竊有御車二乘，馬二駟，㠯奉常駕。」（同上）

言辭卑辱，語意畏怯，實非呂后平日之作風，形勢如此，無可奈何。惠帝三年，又以宗室女爲公主，嫁匈奴單于。

文帝三年，匈奴右賢王入寇河南，遣丞相灌嬰擊之，右賢王走出塞。次年，匈奴破月氏，獻橐駝一，騎馬二，駕二駟。文帝前六年，遺匈奴「服繡袷綺衣、長襦、錦袍各一，比疏一，黃金飭具帶一，黃金犀毗一，繡十四，錦二十四，赤綈、綠繒各四十四」（漢書匈奴傳卷第九十四上）以合親。冒頓死，老上單于立，文帝復嫁宗人女爲單于閼氏。十四年，匈奴十四萬騎入寇朝那、蕭關，殺北地都尉卬，虜人民畜產甚多，攻至彭陽，前鋒候騎已到雍、甘泉。文帝擬親征匈奴，羣臣、太后勸止，乃派兵擊匈奴，匈奴遁走。文帝後六年，軍臣單于入寇上郡、雲中，胡騎入代、句注邊界，烽火通於甘泉、長安，震動京畿。漢採防衞政策，使三將軍屯飛狐、句注、北地，這是外圍防守。又置三將軍屯長安西細柳、渭北棘門及霸上，這是防衞京師。文帝對匈奴，可謂一則和親一則備邊，用心良苦。將軍陳武等議伐南越、朝鮮，文帝說：「……且兵凶器，雖克所願，動亦秏病，謂百姓遠方何？又先帝知勞民不可煩，故不以爲意。朕豈自謂能。今匈奴內侵，軍吏無功，邊民父子，荷兵日久，朕常爲動心傷痛，無日忘之。今未能銷距，願且堅邊設候，結和通使，休寧北陲，爲功多矣，且無議軍。」（史記律書卷第二十五）文帝不願勞民傷財以事征伐，但是多年邊患，動心傷痛，又豈能忘？所以才一面和親一面備邊，實非得已。景帝時，依然和親，「通關市，給遺單于，遣翁主如故約。」（漢書匈奴傳卷第九十四上）景帝時，匈奴不斷小規模侵擾邊境。

北方匈奴爲患最烈，漢以中原久亂，民心厭戰，而且其地不適漢人居住，攻之無益，乃採取和親政策。究其根本原因，在於漢朝當時實力不足，抵抗爲難。雖然和親倍受屈辱，且無預期效果，但也只有忍耐而已。

南方有南越王趙佗，在高后五年，自稱南越武帝，發兵攻長沙邊邑，敗數縣而去。高后擊之，遇疾疫而止。文帝卽位，爲趙佗在眞定故鄉的親冢，置守邑，歲時奉祀；又召其從昆弟，尊官厚賜寵之。並致書趙佗，願棄嫌通好。趙佗遂自去帝號，願長爲藩臣，奉貢職。懷柔政策，在南方是收到了效果。

總結漢初對外政策，是力求安定，少動干戈。以休養生息，厚植國力爲第一目標。迨國力已經充實，社會已經富足，自然也就不會再忍氣吞聲，而想要一振大漢天威了。時勢所趨，於是有了漢武帝時期對四夷的大舉征伐。

第二章　征伐四夷、國用浩繁

第一節　征伐四夷

漢武帝對四夷的用兵，以北方的匈奴爲主要目標。武帝卽位之初，仍遵行和親政策。建元六年，匈奴來請和親，大行王恢主張擊之，御史大夫韓安國反對說：「千里而戰，卽兵不獲利。今匈奴負戎馬足，懷鳥獸心，遷徙鳥集，難得而制。得其地不足爲廣，有其衆不足爲彊，自上古弗屬。漢數千里爭利，則人馬罷，虜白全制其敝，埶必危殆。臣故白爲不如和親。」（漢書竇田灌韓傳卷第五十二）當時大臣多贊成韓安國的建議，於是仍與匈奴和親。由和親轉變爲用兵，導因於「馬邑之謀」的失敗。元光三年，雁門郡馬邑土豪聶壹，自告奮勇，願設計誘殺匈奴王，武帝遂埋伏三十萬大兵於馬邑。匈奴單于原已中計入塞，不料行到馬邑附近，發覺牲畜布野而無人放牧，心生疑惑，後捕到漢雁門尉史，才得悉漢謀，乃率兵而去。誘殺失敗，邦交遂絕，戰端自此而開，匈奴入盜邊地不可勝數，但是匈奴還很貪圖漢朝財物，雙方仍通關市。漢朝大舉出擊，始自元光六年，直到武帝末年，前後有十幾次之多。

元光六年，衞青等四路出擊，三路失利，唯衞青略有斬獲。元朔二年，衞青出雲中伐匈奴，收復淪陷已幾十年的河南地方，建朔方郡。版圖因此推展到河套以北，關中京畿一帶威脅盡除。元朔五年，匈奴內亂，衞青等兩路出擊，直趨右賢王庭，俘男女一萬五千人。元朔六年，兩次出擊，一次小勝，一次大敗，前將軍趙信被俘，降。元狩二年，霍去病兩次出擊，都獲大勝，匈奴渾邪王殺休屠王降漢，以其地置武威、酒泉兩郡，河西走廊收入疆土，自此切斷匈奴與羌人的聯繫，打開通西域之路，進而控制了西域。元狩四年，衞青、霍去病兩路出擊，發騎兵十萬，步兵、運輸兵幾十萬，馬十四萬匹，傾全國之力討伐匈奴。單于大敗北遁，從此漠南無王庭。雙方損失都很慘重，漢軍死傷無計，入塞的戰馬也剩下不到三萬匹。從此往後到太初二年，十六年間，雙方無戰事。天漢二年、四年、征和三年，李廣利等三次北伐匈奴，都失利。征和三年之戰，李廣利先勝後敗，遇伏被俘。匈奴雖有小勝，但是仍難挽頹勢，主要是元狩二年與四年兩次慘敗，失去河西走廊的一片沃土，而且被漢武帝用以打通西域，斷去了他們的右臂。數代的隱忍，終於揚眉吐氣，在漢武帝來說，是志得意滿了。漢武帝曾有詔命說：「高皇帝遺朕平城之憂，高后時單于書絕悖逆。昔齊襄公復九世之讎，春秋大之。」（漢書匈奴傳卷第九十四上）正可看出他的心意。

爲了夾攻匈奴，開始通西域。博望侯張騫，首先宣揚國威於異邦，西域之道大通。元封三年，特遣趙破奴、王恢，發西方屬國及郡兵數萬人，討伐不服的樓蘭、姑師兩國。並從酒泉郡建碉堡亭障，直到玉門關。烏孫國獻駿馬十四萬匹，漢以細君公主下嫁烏孫王，兩國和親。漢朝先後得到烏孫貢馬甚多。爲了獲得更好的汗血馬，有太初元年李廣利的出征大宛，慘敗，生還不過十分之一二而已。武帝再發邊騎六萬、甲卒十八萬、牛十萬頭、馬三萬匹、橐駝一萬，傾全國之力，再命李廣利伐大宛。大宛獻好馬三千餘匹，訂城下之盟。此役前後共耗時四年，所費無計，所得者不過好馬三千餘匹而已。但是中西交通的大道却也因此打開，中西文化爲之溝通，這是軍事以外的收穫。

在南方，元鼎五年，水陸大軍十萬，分四路攻南越。因爲行軍困難，大軍在次年才越過五嶺，而四路大軍也只剩了兩路。南越敗亡後，分其地置九郡。元鼎六年，有三路大軍伐東甌與閩越，收其地爲漢郡縣。元鼎六年以後，又逐次用兵，平定了西南夷諸國，收爲中國版圖。

在東方，於元封二年，征服朝鮮，分置四郡。

漢武帝對東南西北的夷人，都一一征服，其武功可謂西漢第一，中國至今猶以漢唐爲榮，實因武帝威震四方，開疆拓土，揚眉吐氣，大有功於國家。

第二節　國疲民困

戰爭勝利，固然帶來榮譽和歡樂，但是戰果，却建立在人民生命和物質資源之上。漢武帝的南征北討，固然雪耻報仇，大振天威，不可否認，生命財產的消耗却也龐大驚人。天長日久，不但國庫空虛，而且民生凋敝，許多社會問題更是隨之而生。漢武帝正是西漢一代，由弱而强，又由盛而衰的轉振點。

屢次北伐匈奴，開疆拓土，只是築一朔方郡，就「興十萬餘人築衞朔方，轉漕甚遼遠，自山東咸被其勞，費數十百巨萬，府庫益虛。」（史記平準書卷第三十）大軍出征歸來，也必定要有賞賜，史稱：

「捕斬首虜之士，受賜黃金二十餘萬斤。虜數萬人皆得厚賞，衣食仰給縣官。而漢軍之士馬死者十餘萬，兵甲之財、轉漕之費不與焉。於是大農陳藏錢經耗，賦稅既竭，猶不足以奉戰士。」（同上）

渾邪王降漢，受賞，賜有功之士，「是歲費凡百餘巨萬。」（同上）元狩四年，勝匈奴，「賞賜五十萬金。漢軍馬死者十餘萬匹，轉漕車甲之費不與焉。是時財匱，戰士頗不得祿矣。」（同上）綜合上述記載，只是賞金一項，就已極其可觀，物資消耗，更是無從計算。養活俘虜，更不是一天兩天的事，日子一久，政府負擔沉重，連天子也受連累。史稱：

「胡降者皆衣食縣官，縣官不給，天子乃損膳，解乘輿駟，出御府禁藏以贍之。」（同上）

用兵東甌、兩越，則「江淮之閒蕭然煩費矣」（史記平準書卷第三十）。用兵西南夷，則「巴蜀之民罷焉」（同上）。開關通西南夷道路則「作者數萬人，千里負擔饋糧，率十餘鍾致一石，散幣於邛、僰以集之。數歲道不通，蠻夷因以數攻，吏發兵誅之。悉巴蜀租賦不足以更之，乃募豪民田南夷，入粟縣官而內受錢於都內。」（同上）征服朝鮮，「燕齊之間靡然發動」（同上）、「人徒之費擬於南夷」（同上）。而李廣利伐大宛，勞師動衆，仰給中國，耗時四年，更是傾全國之力而爲之。國疲民困，民生蕭條，全國都被波及。民生和財經方面的許多問題更引發政治上的問題，司馬遷說：

「及王恢設謀馬邑，匈奴絕和親，侵擾北邊，兵連而不解，天下苦其勞，而干戈日滋，行者齎，居者送，中外騷擾而相奉，百姓抗獘以巧法，財賂衰耗而不贍。入物者補官，出貨者除罪。選舉陵遲，廉耻相冒，武力進用，法嚴令具。興利之臣自此始也。……募民能入奴婢得以終身復，爲郎增秩，及入羊爲郎，始於此。……軍功多用越等，大者封侯卿大夫，小者郎吏。吏道雜而多端，則官職耗廢。」（史記平準書卷第三十）

因爲戰爭，不但需要重新擬定財經政策，而且連帶破壞了政府正常的人事制度。

戰禍以外，武帝時的天災也頗不少。

建元三年春天，黃河決口，「溢于平原，大飢，人相食。」（漢書武帝紀卷第六）元光三年春天，黃河又改道，「從頓丘東南流入勃海」（同上），夏天又決口，泛濫成災，「河水決濮陽，氾郡十六，發卒十萬救決河。」（同上）元狩元年，「大雨雪，民凍死。」（同上）元鼎二年三月，大雨雪，夏季又大水爲患，「關東餓死者已千數。」（同上）次年夏季，「雨雹，關東郡國十餘飢，人相食。」（同上）水災爲患，人民生命財產損失無計，而政府全力搶救，所費亦多。史稱：

「初，先是往十餘歲河決觀，梁楚之地固已數困，而緣河之郡隄塞，河輒決壞，費不可勝計。

……山東被水菑，民多飢乏，於是天子遣使者虛郡國倉廥以振貧民。猶不足，又募豪富人相貸假，尚不能相救。乃徙貧民於關以西，及充朔方以南新秦中，七十餘萬口，衣食皆仰給縣官。數歲，假予產業，使者分部護之，冠蓋相望。其費以億計，不可勝數。於是縣官大空。」（史記平準書卷第三十）

又說：

「是時山東被河菑，及歲不登數年，人或相食，方一二千里。天子憐之，詔曰：『江南火耕水耨，令飢民得流就食江淮間，欲留留處。』遣使冠蓋相屬於道，護之。下巴蜀粟以振之。」（同上）

水災災情之慘重，搶救之困難，於此可見。

旱災和蟲災的次數也頗不少，見於漢書五行志的記載有：

武帝元光六年夏，大旱。是歲，四將軍征匈奴。

元朔五年春，大旱。是歲，六將軍衆十餘萬征匈奴。

元狩三年夏，大旱。是歲發天下故吏伐棘上林，穿昆明池。

天漢元年夏，大旱；其三年夏，大旱。先是貳師將軍征大宛還。天漢元年，發適民。二年夏，三將軍征匈奴，李陵沒不還。

征和元年夏，大旱。是歲發三輔騎士閉長安城門，大搜，始治巫蠱。

元光五年秋，螟；六年夏，蝗。先是，五將軍衆三十萬伏馬邑，欲襲單于也。是歲，四將軍征匈奴。
元鼎五年秋，蝗。是歲，四將軍征南越及西南夷，開十餘郡。
元封六年秋，蝗。先是，兩將軍征朝鮮，開三郡。
太初元年夏，蝗從東方蜚至敦煌；三年秋，復蝗。元年貳師將軍征大宛，天下奉其役連年。
征和三年秋，蝗；四年夏，蝗。先是一年，三將軍衆十餘萬征匈奴。征和三年，貳師七萬人沒不還。

天災和戰爭同時加諸百姓身上，人民生活的艱苦可想而知，國家經濟的困頓也是必然的了。

綜計武帝在位五十四年，對外戰爭的次數和規模，都是歷史上少見的。他的雄才大略，固然有功於國家，解決了不少老問題，不可否認的，也給漢朝帶來了許多新的困境，最嚴重的就是財經問題。高祖到景帝時蓄積的財富，被漢武帝花用殆盡。除了不斷作戰外，宮廷的消耗也較以往增加。先起建章宮，再築明光宮，屢次巡行天下，又封禪泰山，都所費不貲。若和漢文帝作露台，花百金尚且不捨得的情形相比，可謂揮霍無度，終於弄得民窮財盡，周轉不靈。因此，如何解決經濟財政上的困難，是漢武帝中期以後的第一要務。於是興利之臣出現，鹽鐵酒專賣、均輸平準等措施相繼頒行。這就是在內外交困的情形下，不得不如此的幾項新財經政策。有其不得已處，更可說是有其必然性。

第三章　財經新政、國營專賣

漢武帝因爲事實上的需要，不得不採用特殊的新財經政策，以資應付。而擬定與執行這些新政策的責任，實非一般儒者所能肩負。於是漢武帝在一向壓制商人的情況下，破例的用了一些有辦法的商人主持其事，像東郭咸陽是齊國的大鹽商，孔僅是南陽的大鐵商，而桑弘羊則是洛陽商人的兒子，十三歲就以擅長心算被重用。這三人先後掌握財經大權，新財經政策，更如火如荼的次第展開。漢書說：「三人言利，事析秋毫矣！」（漢書食貨志卷第二十四下）

第一節　增加賦稅、改革幣制

漢武帝時代，賦稅項目頗多，即使是蓄養家畜也有稅，漢書西域傳贊就說：「武帝租及六畜」、翟方進傳則有「算馬牛羊」的話。而新增加且比較重要的則是：

1.口　賦：漢書高帝紀四年八月「初爲算賦」。注引如淳曰：「漢儀注：民年十五以上至五十六出賦錢，人百二十爲一算，爲治庫兵車馬。」自漢初到武帝時，成年人不分男女每人每年繳納一百二十錢的算賦。賈人與奴婢加倍（漢書惠帝紀卷第二，六年注引漢律）。三歲至十四歲未成年的，則繳納口賦，每人每年二十錢。漢武帝時增加爲廿三錢。漢書昭帝紀元鳳四年「毋收四、五年口賦」注引如淳曰：「漢儀注：民年七歲至十四出口賦錢，人二十三。二十錢以食天子，其三錢者，武帝加口錢，以補車騎馬。」人民困苦，有爲此生子而殺之的事（見漢書貢禹傳卷第七十二）。這是在原有稅目上增加數額，以補充軍費。

2.舟車稅：漢書武帝元光六年「初算商車」。注引李奇說：「始稅商賈車船，令出算。」「非吏比者、三老、北邊騎士，軺車一算；商賈人軺車二算；船五丈以上一算。」（漢書食貨志卷第二十四下）

當時的規定是：一般人民除了吏、三老、北邊騎士這三種人所擁有的以外的軺車（一馬小車），每年繳稅一算。商人的車加倍。五丈以上的船每年繳稅一算。增加國庫收入，同時增加商人負擔，這和算緡錢都是以課徵富豪及商賈爲目的。

3.貨物稅（算緡錢）：武帝元狩四年「初算緡錢」。緡是絲，用以貫穿錢幣，一貫是一千錢，又叫一緡。「諸賈人末作貰貸買賣，居邑貯積諸物，及商㠯取利者，雖無市籍，各㠯其物自占，率緡錢二千而算一。諸作、有租及鑄，率緡錢四千算一。」（漢書食貨志卷第二十四下）這是作生意牟利一類的，令民自行估價，商品每值二千錢，繳稅一算。賺取工資之類的手工業商品，則每值四千錢繳稅一算。儲蓄存款，則每一千錢繳稅二十（見漢書武帝紀卷第六元狩四年注）。

漢代有以訾財爲官的事，「今訾（顏師古說：讀與貲同。）算十㠯上乃得宦」（漢書景帝紀卷第五），注引服虔說：「訾萬錢算百二十七也。」可見漢代在財產稅方面，應該是所謂的「貲算」，卽一百二十七錢爲一算，高於口賦的一百二十錢爲一算。漢武帝開征舟車稅和貨物稅，很可能也是一百二十七錢爲一算。但是景帝時是一萬錢徵一百二十七錢的稅，漢武帝則每二千錢或每四千錢徵一百二十七錢的稅，稅負加重了很多。

因爲是自行估價，所以爲了防止逃漏，凡隱匿不報或報而不實，重罰「戍邊一歲，沒入緡錢。」（漢書食貨志卷第二十四下）密告的則「以其半畀之」（同上）以爲重賞。商人爲此而傾家蕩產者極多。

漢武帝在貨幣上的改變也很大，次數也多，且具重要性。茲分三項略述：

1銅　錢：漢文帝時用四銖錢，並准民自鑄。當時「吳㠯諸侯卽山鑄錢，富埒天子，後卒叛逆。鄧通，大夫也，㠯鑄錢，財過王者。故吳、鄧錢布天下。」（漢書食貨志卷第二十四下）漢武帝卽位，在建元元年行三銖錢。五年又改行半兩錢。元狩五年，用五銖錢。原先由郡國鑄錢，雖然「盜鑄諸金錢罪皆死」（同上）但是「吏民之犯者，不可勝數」（同上）。於是貨幣一律由上林三官鑄造，而且只準三官錢流通。用五銖與統一官鑄，是一重大改革。在貨幣一改再改期間，商人因爲貨幣多變，於是都囤積貨物以求利，也因此而有了算緡錢的開徵。

2.白金幣：武帝元狩四年，關東貧民轉徙各地七十二萬五千口，地方政府不堪負荷。而當時禁苑有白鹿，少府多銀錫，於是爲了救難民，也爲了防民盜鑄錢幣，引起貶值，有司請「收銀錫造白金及皮幣以足用。」（漢書武帝紀卷第六）

白金幣凡三品：「其一曰重八兩，圜之，其文龍，名白撰，直三千。二曰目重差小，方之，其文馬，直五百。三曰復小，橢之，其文龜，直三百。」（漢書食貨志卷第二十四下）

這種合金的貨幣，仍被大量盜鑄，元鼎二年卽正式罷止。

3.皮　幣：皮幣與白金幣同時問世。它是以一平方尺的白鹿皮做成，邊緣繡上花紋，價值四十萬。限王侯宗室朝覲聘享時，以皮幣薦璧，而不流通民間。這是對王侯宗室的變相徵斂，嚴格說並不能算是貨幣。當時財經首長大農顏異反對，理由是「今王侯朝賀目倉璧，直數千，而其皮薦反四十萬，本末不相稱。」（漢書食貨志卷第二十四下）結果被御史大夫張湯以「腹非」罪論死。

增加政府收入除了上述兩大方面的改變外，還在元朔六年，爲了應付戰費，而「令民得買爵及贖禁錮免臧（當爲減字）罪，請置賞官，名曰：武功爵。」（漢書食貨志卷第二十四下）爵是虛名，漢惠帝時已可納粟或以錢買爵贖罪。而武帝此時則是買爵到相當等級時，就可以補官，成爲政府官員，這等於是公開賣官。爲了開闢財源而如此，結果是：「軍功多用超等，大者封侯卿大夫，小者郎。吏

道雜而多端，則官職秏費。」（同上）

綜觀武帝各項新財經措施，對農人的影響並不如對商人來得大。主要是天下困窘，庶民疲敝的時候，「富商賈或墆財役貧，轉轂百數，廢居居易，封君皆氐首仰給焉。冶鑄鬻鹽，財或累萬金，而不佐公家之急，黎民重困。」（漢書食貨志卷第二十四下）當政府財政困難的時候，漢武帝自己尙且「損膳、省用、出禁錢以振元元」（同上），而富商大賈却不伸援手。在貨幣改革時期，商人又大多積貨逐利，以免幣值不穩而受損，這種做法更增加財政困擾。無怪乎政府許多經濟改革措施要以壓制商人，和與商人分利爲主了。

卜式是首先輸財報國的人，其精神可敬可感，武帝大加獎賞。其他有錢人仍不響應，於是下達了告緡令，以重賞檢舉逃漏稅款。當時執行的情形和結果是：

「楊可告緡徧天下，中家以上大氐皆遇告。杜周治之，獄少反者。乃分遣御史廷尉正監分曹往，往即治郡國緡錢，得民財物以億計，奴婢以千萬數。田大縣數百頃，小縣百餘頃，宅亦如之。於是商賈中家以上大氐破。民媮甘食好衣，不事畜臧之業。而縣官以鹽鐵緡錢之故，用少饒矣。」（漢書食貨志卷第二十四下）

第二節　鹽鐵榷酤、均輸平準

鹽鐵是生活必需品，市場廣，需要量大。而此類商品的生產絕非一般資本小、人力少的商家所能製造與運銷。於是煮鹽與冶鐵，既是工業，又是商業。具體點說，應該是大規模的工商業。固然經營者要投入大資本、大人力，但其利潤更高，經營者必是鉅富，以蜀地卓氏爲例：「卽鐵山鼓鑄，運籌策，富至僮千人。田池射獵之樂，擬於人君。」（史記貨殖列傳卷第一百二十九）其他蜀地的程鄭、南陽的孔氏、魯地的曹邴氏，也都以冶鐵爲業，富甲一方。漢初，吳王濞以一諸侯王而營鹽鐵之利，史稱：「招致天下亡命者，盜鑄錢，東煮海水爲鹽，以故無賦，國用饒足。」（漢書荆燕吳傳卷第三十五）

漢代以鑄錢、冶鐵、煮鹽爲業的官或民，其勢力都足以壟斷經濟、操縱民生。

漢武帝以前靠冶鐵煮鹽致富的豪門，無視於武帝時國家財政上的急困，不肯稍稍出資幫助政府。國力被消耗而私人却獲利，使得政府想完全取得這種具有壟斷性事業的利益，一則不加田賦而能充裕財政，再則裁抑工商勢力，三則減輕農民負擔。而吳王濞始則招亡命以鑄錢煮鹽，終則舉國稱亂，其所以敢如此膽大妄爲，是他既有錢、又有人。錢來自鹽鐵收益，人就是鹽鐵工人。桑弘羊就說：

「往者豪强大家，得管山海之利，采鐵石鼓鑄，煮海爲鹽。一家聚衆或至千餘人，大抵盡收放流人民也。遠去鄉里，棄墳墓，依倚大家。聚深山窮澤之中，成姦僞之業，遂朋黨之權，其輕爲非亦大矣。今者廣進賢之途，練擇守尉，不待去鹽鐵而安民也。」（鹽鐵論復古篇第六）

於是鹽鐵的收歸國營，不但舒緩財政困境，更可解決社會與政治上潛在的不安。有如此多方面的目標和效果，無怪乎要雷厲風行了。

武帝元狩四年，御史大夫張湯，請籠天下鹽鐵。大司農鹽鐵丞孔僅和東郭咸陽，提出具體的辦法：

「山海，天地之臧，宜屬少府，陛下弗私，㠯屬大農佐賦。願募民自給費，因官器作鬻鹽，官與牢盆。浮食奇民欲擅斡山海之貨，㠯致富羨，役利細民。其沮事之議，不可勝聽。敢私鑄鐵器鬻鹽者，釱左趾，沒入其器物。郡不出鐵者，置小鐵官，使屬在所縣。」（漢書食貨志卷第二十四下）

改革的第一步是將原屬山澤稅的鹽鐵兩項，由少府移歸大司農管轄，卽由皇帝私人收入改爲政府收入。然後由人民出資本，向政府買所需工具。並以重刑禁止人民私自鑄鐵器和鬻鹽。政府掌握了生產工具，也就掌握了生產。控制了運銷，也就控制了經濟。

爲了此次重大改革，特派孔僅、東郭咸陽二人，乘傳車巡行天下，調查與主持鹽鐵公賣工作，並且「作官府，除故鹽鐵家富者爲吏。」（漢書食貨志卷第二十四下）這是使以前的民營業者，改任爲政府專業官吏的作法。一則利用其經驗，一則減少收歸公營時的阻力。不過三年，孔僅官至大司農，位列九卿。元封元年治粟都尉桑弘羊領大農，取代孔僅而掌管天下鹽鐵。增設大農部丞數十人，分部主管各郡國鹽鐵事，並在各郡設置均輸鹽鐵官。不出鐵的郡則置小鐵官，鑄舊鐵，屬所在各縣。當時鹽鐵的產地，大概分布於下述各地區：

「山東多魚、鹽、漆、絲、聲色。……銅鐵則千里往往山出棊置。……巴、蜀亦沃野，地饒巵、薑、丹沙、銅、鐵、竹、木之器。……上谷至遼東，地踔遠，人民希，數被寇，大與趙、代俗相類，而民雕捍少慮，有魚、鹽、棗、栗之饒。……齊帶山海，膏壤千里，宜桑麻，人民多文綵、布帛、魚鹽。……陳在楚、夏之交，通魚鹽之貨，其民多賈。……夫吳自闔廬、春申、王濞三人，招致天下之喜游子弟，東有海鹽之饒、章山之銅、三江五湖之利，亦江東一都會也。……山東食海鹽，山西食鹽鹵，領南、沙北，固往往出鹽，大體如此矣。」（史記貨殖列傳第一百二十九）

觀史記所載，鹽的產地頗爲廣泛。而銅鐵更多到往往山出棋置，散布全國。西漢時，天下郡國總數據漢書地理志，訖孝平帝時，凡一百零三。據漢書地理志，鐵官分佈四十郡國，鹽官分佈二十七郡。據楊遠先生考證，西漢鐵官分佈於四十二郡國，內三郡存疑，凡四十八處，若含五處存疑者，則爲五十三處。而鹽官則爲三十郡國，四十三處。（西漢鹽、鐵工官的地理分佈。香港中文大學中國文化研究所學報第九卷上册）

天漢三年二月，「初榷酒酤」（漢書武帝紀卷第六）。注引應劭說：「縣官自酤榷賣酒，小民不復得酤也。」又引韋昭說：「㠯木渡水曰榷。謂禁民酤釀，獨官開置，如道路設木爲榷，獨取利也。」這是把酒的釀造生產權，由政府獨佔並專賣，設榷酤官掌其事。其用意雖然在增加政府收入，但是還有節約糧食的功能。因爲釀酒的原料是糧食，人民自由釀酒，不加限制，積少成多，消耗量必然相當可觀。漢文帝後元年三月，曾有一道詔命說：

「間者數年比不登，又有水旱疾疫之災，朕甚憂之。愚而不明，未達其咎。意者朕之政有所失而行有過與？乃天道有不順，地利或不得，人事多失和，鬼神廢不享與？何以致此？將百官之奉養或費，無用之事或多與？何其民食之寡乏也。夫度田非益寡，而計民未加益，以口量地，其於古猶有餘，而食之甚不足者，其咎安在？無乃百姓之從事於末以害農者蕃，爲酒醪以靡穀者多，六畜之食焉者衆與？……」（漢書文帝紀卷第四）

當時已經發現，糧食不足的原因，不是政治因素，也不是耕地減少、人口增加的緣故，而是人民浪費在釀酒上的太多，被牲畜吃掉的也不少。可是並沒有適當的辦法，制止或減少人民在這兩方面的糧食耗費。景帝中三年夏，旱，禁民酤酒。直到後元年夏，才准大酺五日，民得酤酒。這就是因糧食不足而禁民酤酒。

漢武帝征伐四夷，農村丁壯人口減少，生產相對的降低，而軍糧的消耗，却急遽增加。在此情形下，爲了民食能不致匱乏，只有採取應急的辦法。其中一項辦法就是政府釀酒專賣，不准私釀。統一製銷，增加收入之外，更可減少許多糧食的消耗。另一項辦法是收牲畜稅，「租及六畜」（漢書西域傳贊第九十六），「算馬牛羊」（漢書翟方進傳卷第八十四）。藉收稅來增加養牲畜的成本，以減少人民蓄養牲畜，達到節約糧食的目的。

酒的專賣制度，實行了十一年，在昭帝始元六年秋七月，接納賢良文學的意見，詔罷榷酤官。改行「令民得以律占租，賣酒升四錢」（漢書昭帝紀卷第七）的辦法，這是有限度的開放。注引如淳說

「律：諸當占租者，家長身各以其物占。占不以實、家長不身自書，皆罰金二斤，沒入所不自占物及賈錢縣官也。」

王先謙漢書補注引劉攽說：

「以律占租者，謂令民賣酒以所得利，占而輸其租矣。占不以實，則論如律也。租即賣酒之稅也。賣酒升四錢，所以限民不得厚利爾。」

這項新的規定是徵收酒稅。由家長親自估計利潤，並寫下所當繳的稅，申報不實或假手他人代辦，罰錢並沒收物品。取消官賣後，爲防止售價哄抬，同時規定賣酒的價格不得超過一升四錢。

鹽鐵等收歸國營官賣後，產生「諸官各自市相爭，物以故騰躍。而天下賦輸或不償其僦費」（漢書食貨志卷第二十四下）的情形。一是經營不善，各自爲政，價格不穩；一是各地貢輸品的運輸成本太高，超過貨品價值。因此在元鼎年間，桑弘羊任大司農中丞，掌管諸會計事宜時，已稍稍置均輸官以流通貨物。元封元年，桑弘羊領大農後，便正式在各地設均輸鹽鐵官，以流通貨物，調節盈虛。漢書百官公卿表，大司農屬官有均輸、平準等令丞。又有斡官、鐵市兩長丞。注引如淳說：「斡音筦，或作幹。幹，主也，主均輸之事。所謂斡鹽鐵而榷酒酤也。」漢書地理志僅載千乘郡有均輸官，循吏傳載黃霸曾補河東均輸官。馬元材著桑弘羊年譜則以爲，當時應有以其所均輸之特產品而命名的，如地理志中的羞官、湖官、橘官……等都是均輸官。

均輸平準的意義是：分別設官在地方及中央，調節各地物產，控制全國物價，尋求經濟的穩定，不使富商大賈操縱居奇，傷及萬民。何謂均輸？孟康說：

「均輸，謂諸當所有輸於官者，皆令輸其地土所饒，平其所在時賈，官更於佗處賣之。輸者既便，而官有利也。」（漢書百官公卿表卷第十九上注引）

均輸就是令各地進貢當地出產豐富的物品，由政府運到缺乏這項物品的地方，以降低該地因貨源少而高漲的價格，使大家都有利。

何謂平準？平準是令各地官府在物價低時買進，使價格不致太低；再於物價昂貴時賣出，使物價不致過高。漢書說：

「令遠方各以其物如異時商賈所轉販者爲賦，而相灌輸。置平準於京師，都受天下委輸。召工官治車諸器，皆仰給大農。大農諸官盡籠天下之貨物，貴則賣之，賤則買之。如此，富商大賈亡所牟大利，則反本，而萬物不得騰躍。故抑天下之物，名曰：平準。」（漢書食貨志卷第二十四下）

桑弘羊更解釋說：

「往者郡國諸侯各以其方物貢輸，往來煩雜，物多苦惡，或不償其費。故郡國置輸官以相給運，而便遠方之貢，故曰均輸。開委府于京師，以籠貨物。賤卽買，貴則賣。是以縣官不失實，商賈無所貿利，故曰平準。平準則民不失職，均輸則民齊勞逸。故平準、均輸所以平萬物而便百姓，非開利孔爲民罪梯者也。」（鹽鐵論本議篇第一）

由以上的說明，可以知道均輸、平準的辦法，在用意上一方面是便民、利民，另一方面則可抑商、富國。雖然卜式批評桑弘羊的辦法是：「令吏坐市列，販物求利。」（漢書食貨志卷第二十四下）選拔自民間的文學更批評他「開利孔爲民罪梯」（鹽鐵論本議篇第一），但是國營鹽鐵酒等實業在先，經營均輸平準等商業行爲在後，使得政府財政充裕，却是不爭的事實。史稱：「於是天子北至朔方，東封泰山，巡海上，旁北邊以歸。所過賞賜，用帛百餘萬匹，錢金以鉅萬計，皆取足大農。」（漢書食貨志卷第二十四下）而桑氏又請准許人民入粟補吏及贖罪，以致「不復告緡。它郡各輸急處，而諸農各致粟，山東漕益歲六百萬石。一歲之中，太倉、甘泉倉滿。邊餘穀，諸均輸帛五百萬匹。民不益賦而天下用饒。」（同上）

結　語

漢武帝時代的諸般財經新措施，充分的滿足了漢武帝的特殊需要，使他在中國歷史上寫下了抵禦外侮以雪恥、開疆拓土以求中國大統一的輝煌一頁。雖然多年蓄積，一朝用盡，但有其不得已之處，所以這些新措施的時代意義是不可抹煞的。措施的本身也給後代留下許多可資效法的地方。但是在當時也有一些弊端出現，雖然勢所難免，而基本上反對的人却藉此給予嚴厲的批評，加上時過境遷，政策的轉變，於是有了昭帝時代以鹽鐵爲主題的爭論，有了記錄這次議論的鹽鐵論一書。爭論的結果是在昭帝始元六年七月，只罷了榷酤官，「令民得以律占租，賣酒升四錢。」（漢書昭帝紀卷第七）其他一概保留。漢元帝初元五年四月，曾下詔：「……罷……鹽鐵官、常平倉。」（漢書元帝紀卷第九）但是過了三年，在永光三年，又恢復了鹽鐵官。後代雖然有廢有置，但是實行專賣平準的時間多，廢止的時間短。以政府之力，經營具壟斷性的工業和調節盈虛，這種構想自管仲起，至漢而大行。與貨幣的改爲官鑄，各項捐稅的開徵等措施，時至今日仍可見其價值與影響。

第三篇　經濟措施的爭辯

爲應付征伐四夷的龐大經費，漢武帝先後實行了許多充裕國庫，彌補財政困難的新財經措施。昭帝以百姓疾苦爲徵詢民意的主題，可見這些新財經措施，正是政府官員與賢良文學間爭論的焦點。由以農業經濟爲主的社會到以工商經濟爲主的社會，是一個大的轉變。應否做此轉變，在於經濟觀點的不同，而轉變後的利弊，則在於措施的良窳。轉變的原因、過程與實際的措施，已見上篇。本篇則先探討贊成者和反對者雙方的經濟觀點，以求瞭解歧見之所在。進而論述各種措施的利弊，以期明白贊成與反對的原因與是非。

第一章　政府官員的財政觀點

第一節　闢財源、富國家

對四夷的戰爭已經展開，物力已經不足，但是用兵的政策依舊。在此前題下，政府官員們所致力的，不是勸止對外用兵，而是設法籌足用兵的財源。御史大夫說：

「邊用度不足，故興鹽鐵、設酒榷、置均輸，蕃貨長財，以佐助邊費。今議者欲罷之，內空府庫之藏，外乏執備之用，使備塞乘城之士，飢寒於邊，將何以贍之？罷之，不便也。」（鹽鐵論本議篇第一）

鹽鐵、酒榷、均輸，是在過去以農業爲經濟主體，不足以支應邊費的情形下，所採用的以工商業爲主體的新經濟型態。這個轉變有政治與軍事上的因素，所以御史大夫認爲一旦罷止，將立刻影響政治與軍事的需要。

漢初開國即一直以農業爲本，對商人則百般限制。天下承平，是發展農業的大好環境，一旦天下有事，戰火一燃，人力、物力勢必大量投入，則農業生產所得之利，必難以應付。在不願加重農民額外負擔的原則下，政府官員只有另闢財源之一途。御史大夫說：「聖賢治家非一寶，富國非一道。」（鹽鐵論力耕篇第二）正代表了這種實際的需要。而起自商賈家庭的孔僅、東郭咸陽、桑弘羊等政府官員，更是深知工商業所牟之利，效果極大且速。於是利用天時、地利來經營工商業，以增加國庫收入，必然是被首先考慮到的開源之道。御史大夫說：

「自京師東西南北，歷山川，經郡國，諸殷富大都，無非街衢五通，商賈之所臻，萬物之所殖者。故聖人因天時，智者因地財，上士取諸人，中士勞其形。……故乃商賈之富，或累萬金，追利乘羨之所致也。富國何必用本農，足民何必井田也？」（鹽鐵論力耕篇第二）

工商業的富厚利潤，引起政府的興趣。而政府所能掌握的條件，比老百姓好，所以不但値得一試，而且是大有可爲。這時屬於靜態的農業，自然要退居次要地位，不再受政府全心全意的關注了。

發展工商業以後，政府究竟有那些收穫呢？御史說：

「今以天下之富，海內之財，百郡之貢，非特齊楚之畜，趙魏之庫也。計委量入，雖急用之，宜無乏絕之時。顧大農等以術體躬稼，則后稷之烈，軍四出而用不繼，非天之財少也。用鍼石調，均有無，補不足，亦非也。上大夫君與治粟都尉管領大農事，灸刺稽滯，開利百脈，是以萬物流通，而縣官富實。當此之時，四方征暴亂，車甲之費，克獲之賞，以億萬計，皆贍大司農。此皆扁鵲之力，而鹽鐵之福也。」（鹽鐵論輕重篇第十四）

在前後比較之下，證明鹽鐵之利造福了國家。御史認爲過去的財經首長，重視農業，結果不足以應付軍費。等到桑弘羊上任，大舉興辦鹽鐵所得到的利益，不但使戰費足夠，而且連犒賞的開銷都有了。

鹽鐵的收歸國營，是爲了富國以助邊費。卽使酒的專賣，也是爲了同一目的。御史大夫說：

「文學言：『天下不平，庶國不寧，明王之憂也。』故王者之於天下，猶一室之中也。有一人不得其所，則謂（王先謙說：謂、爲古通。）之不樂。故民流溺而弗救，非惠君也。國家有難而不憂，非忠臣也。夫守節死難者，人臣之職也，衣食飢寒者，慈父之道也。今子弟遠勞於外，人主爲之夙夜不寧，羣臣盡力畢議，册滋國用。故少府丞令請建酒榷，以贍邊，給戰士，拯救民於難也。爲人父兄者豈可以已乎？內省衣食以卹在外者，猶未足，今又欲罷諸用，減奉邊之費，未可爲慈父賢兄也。」（鹽鐵論憂邊篇第十二）

酒榷是爲了贍邊給戰，而贍邊給戰是爲了伐匈奴以救民。鹽鐵酒專賣的目的是爲了救邊民於水火，邊地安則中國安，如果爲了省事節用而停辦各項國營事業，影響所及，後果堪慮。御史大夫爲此提出警告說：

「是以縣官開園池，總山海，致利以助貢賦，脩溝渠，立諸農，廣田牧，盛苑囿。太僕、水衡、少府、大農，歲課諸入田牧之利、池籞之假，及北邊置任任（盧文弨曰：疑衍一任字。）田官以贍諸用，而猶未足。今欲罷之，絕其原，杜其流，上下俱殫，困乏之應也。雖好省事節用，如之何其可也？」（鹽鐵論園池篇第十三）

基於大敵當前，不討則危的事實需要，必須在農業收益之外，另闢財源。鹽鐵酒的國營政策，即能立竿見影的在農不加賦的情況下，使天下用足。這種新措施不但充裕了國庫，更抑制了豪强官商牟利以害民的行爲。

第二節　抑豪强、安萬民

錢幣、鐵器、食鹽，是人民日常生活的必需品，幾乎是每天或多或少都需要用到的東西，其關係國脈民命的重要性自不待言。漢初沒有不准人民鑄錢、冶鐵、煮鹽的禁令，但是銅、鐵、鹽等基本原料，却不是家家都有，而由原料製造爲成品，更不是人人都能。少數人得地利，有人力，於是有的鑄錢，有的冶鐵，有的煮鹽，甚至於有的兼營兩種或三種。這些人從事生產與販賣，使他們成爲鉅富之外，更操縱了經濟、民生，進而危及社會的安寧與政治的穩定。於是鑄錢、冶鐵、煮鹽等權利收歸國有，一則如上節所述，可以富國，再則可以防止壟斷，安定社會。

御史大夫曾分別指出這幾項弊端和其嚴重性。在鑄錢方面，他說：

「文帝之時，縱民得鑄錢、冶鐵、煮鹽。吳王擅鄣海澤，鄧通專西山。山東姦猾，咸聚吳國；秦、雍、漢、蜀因鄧氏；吳鄧錢布天下，故有鑄錢之禁。」（鹽鐵論錯幣篇第四）

在冶鐵、煮鹽方面，他說：

「夫權利之處，必在深山窮澤之中，非豪民不能通其利。異時鹽鐵未籠，布衣有朐邴、人君有吳王，皆鹽鐵初議也。吳王專山澤之饒，薄賦其民，賑贍窮乏，以成私威。私威積而逆節之心作。夫不蚤絕其源而憂其末，若決呂梁，沛然，其所傷必多矣。」（鹽鐵論禁耕篇第五）

又說：

「鐵器兵刃，天下之大用也，非衆庶所宜事也。往者豪強大家，得管山海之利，采鐵石鼓鑄，煮海爲鹽。一家聚衆或至千餘人，大抵盡收放流人民也。遠去鄉里，棄墳墓，依倚大家。聚深山窮澤之中，成姦僞之業，遂朋黨之權，其輕爲非亦大矣。」（鹽鐵論復古篇第六）

總之，豪強大家，其所以「豪」，因爲他有錢，而錢來自鑄錢、冶鐵或煮鹽的利益。其所以「強」，因爲他有人，而人正是替他從事生產的那些工人。這些豪強，卽使不爲亂也極難治。一朝爲亂，則弭平不易。吳王濞的叛逆不軌，正是不遠的殷鑑。

這些具有壟斷性的工商業，一旦收歸國營，前述種種隱憂與顧慮都可以消除。所以鑄錢、冶鐵、煮鹽的收歸國營，其功能不但是多重的，而且是積極的。政府官員當年之所以建議實行這些新財經措施，是大有深意的。御史大夫桑弘羊說：

「今夫越之具區，楚之雲夢，宋之鉅野，齊之孟諸，有國之富而霸王之資也。人君統而守之則强，不禁則亡。齊以其腸胃予人，家强而不制，枝大而折榦，以專巨海之富而擅魚鹽之利也。勢足以使衆，恩足以邺下，是以齊國內倍而外附。權移於臣，政墜於家，公室卑而田宗强，轉轂游海者蓋三千乘，失之於本而末不可救。今山川海澤之原，非獨雲夢、孟諸也。鼓金煮鹽，其勢必深居幽谷，而人民所罕至。姦猾交通山海之際，恐生大姦。乘利驕溢，散樸滋僞，則人之貴本者寡。大農鹽鐵丞咸陽、孔僅等上請：『願募民自給費，因縣官器，煮鹽予用，以杜浮僞之路。』由此觀之，令意所禁微，有司之慮亦遠矣。」（鹽鐵論刺權篇第九）

姜姓齊國亡於田氏大臣之手，御史大夫認爲，就是亡在權移於臣，政墜於家。而權臣豪家之所以强，在於專有齊國巨海之富，魚鹽之利。有了富利就能勢足以使衆，恩足以邺下，終而亡齊。鑑於齊國之亡，證於吳王之反，實行這些新財經措施，足以禁微慮遠的深意，除了財經目的之外又是極具政治意義的。而這些措施對老百姓也有直接的利益，御史大夫說：

「山海有禁而民不傾，貴賤有平而民不疑。縣官設衡立準，人從所欲。雖使五尺童子適市，莫

價格上貴賤有平，童叟無欺，是國營官賣的優點，這對老百姓而言，是有實質上的益處。之能欺。」（鹽鐵論禁耕篇第五）

第三節　通貨財、平萬物

當時直接影響民生的另一項重大財經工作，就是控制物價。平抑物價，必然牽涉到商品暨其他資源的運輸與流通問題。因爲市場上貨物的供應量與需求量，影響價格；而貨物的運輸與流通，又直接影響供需。於是均輸與平準的辦法應運而生，其做法已見上篇第三章第二節。而鹽、鐵、酒等民生必需品收歸國家生產與官賣後，政府也必然要負擔其運輸與流通的工作。如何降低成本，減少運費，是必須考慮與做到的工作，而史書中記載的鹽鐵酒國營產銷後的弊端也正在此。「諸官各自市相爭，物以故騰躍；而天下賦輸或不償其僦費。」（漢書食貨志卷第二十四下）這第一個問題是政府沒有統一售價，各自爲政，價格高漲。第二個問題是天下各地的貢賦，運輸費用過高，所運送貨品的價值甚至不能抵償那高昂的運費。爲此，均輸、平準的措施是必要的。均輸在調劑空間因素所造成的物價不平；平準則在調劑時間因素所造成的物價不平，二者相輔亦相成。

站在經濟的立場，農業固然重要，工商業也不可忽視，沒有工商業，農業產品運銷就困難，不能運銷就妨礙發展。所以農工商應該是相互依存的。政府官員特別提出這點加以說明，御史大夫說：

「古之立國家者，開本末之途，通有無之用，市朝以一其求，致士民，聚萬貨，農商工師，各得所欲，交易而退。易曰：『通其變，使民不倦。』故工不出，則農用乖；商不出，則寶貨絕。農用乏，則穀不殖；寶貨絕，則財用匱。故鹽鐵、均輸，所以通委財而調緩急。」（鹽鐵論本議篇第一）

鹽鐵是工業生產，均輸是商業行為，二者的功能，就在「通委財而調緩急」（同上），輔助農業的發展。

均輸在輔助農業發展之外的另一意義是流通貨財，唯有貨暢其流，有無相濟，才能使百姓更加富足。「管子云：『國有沃野之饒而民不足於食者，器械不備也。有山海之貨而民不足於財者，商工不備也。』隴、蜀之丹漆旄羽，荊、揚之皮革骨象，江南之柟梓竹箭，燕、齊之魚鹽旃裘，兗、豫之漆絲絺紵，養生送終之具也，待商而通，待工而成。故聖人作為舟檝之用，以通川谷，服牛駕馬，以達陵陸；致遠窮深，所以交庶物而便百姓。是以先帝建鐵官以贍農用，開均輸以足民財。鹽鐵、均輸，萬民所戴仰而取給者，罷之不便也。」（鹽鐵論本議篇第一）

平時用均輸的辦法可以發展農業，流通貨物，富裕民生；有天災、兵禍等急難時，更可見出均輸的效果。御史大夫說：

「王者塞天財，禁關市，執準守時，以輕重御民。豐年歲登，則儲積以備乏絕；凶年惡歲，則行幣物；流有餘而調不足也。昔禹水湯旱，百姓匱乏，或相假以接衣食。禹以歷山之金，湯以莊山之銅，鑄幣以贖其民，而天下稱仁。往者財用不足，戰士或不得祿。而山東被災，齊趙大饑，賴均輸之畜，倉廩之積，戰士以奉，饑民以賑。故均輸之物，府庫之財，非所以賈萬民而專奉兵師之用，亦所以賑困乏而備水旱之災也。」（鹽鐵論力耕篇第二）

以均輸的辦法，還可以誘外國而役諸侯，得到與外國交易之利，這不是一般人所能瞭解的，御史大夫解釋說：

「故善爲國者，天下之下我高，天下之輕我重。以末易其本，以虛蕩其實。今山澤之財，均輸之藏，所以御輕重而役諸侯也。汝、漢之金，纖微之貢，所以誘外國而釣胡、羌之寶也。夫中國一端之縵，得匈奴累金之物，而損敵國之用。是以驘驢馲駝，銜尾入塞，驒騱騵馬，盡爲我畜，鼲鼦狐貉，采旃文罽，充於內府，而璧玉珊瑚瑠璃，咸爲國之寶。是則外國之物內流，而利不外泄也。異物內流則國用饒，利不外泄則民用給矣。」（鹽鐵論力耕篇第二）

平準之法，是設置專官於京師，盡籠天下貨物，貴則賣之，賤則買之，既可便民平抑物價，又可以富國，使政府得合理的利潤，而富商大賈的兼併、囤積也將因均輸平準而受到控制。前引力耕篇「執準守時，以輕重御民」、「天下之下我高，天下之輕我重」等語，都是講平準的意義。政府官員在因討伐匈奴而使國家財政陷入困境以後，可以說是用盡了腦筋，想盡了辦法，開闢財源以彌補赤字。工商業的不可少，事實上極其顯然，發展工商時間快、效果大。但是相對的，農業不如過去一樣受重視，也是事實。來自民間、出自農村的文學們，當然會爲此不快。觀點歧異，加上感情因素，雙方爲此而大起爭論；也是必然的結果。

第二章　賢良文學的重農主張

第一節　新財經措施在與民爭利

政府官員强調實行新財經措施的主要原因，是爲了彌補多年頻繁對外用兵，所造成國力匱乏，難以爲繼的實際需要。這些新措施偏重於興辦工商，一則是因其獲利高，能救急；再則是維持漢代的傳統，決不輕言加重農民的租稅負擔。但是賢良文學們却認爲這些措施，在在的顯示出政府在與民爭利，違背古訓。

文學們認爲自古以來就是藏富於民，君王不聚財富，而以修德化民爲本。所謂財散則民聚，財聚而民散。誠能修德於上，化民於下，則富商巨賈雖有財力，也將因爲人民的不願附從而無法成姦。朝廷的穩定與大臣的守禮，更是國家安定的根本。這一切都有賴於修德，決不能依靠牟利來安邦定國。

文學們說：

「民人藏於家，諸侯藏於國，天子藏於海內。故民人以垣墻爲藏閉，天子以四海爲匣匵。天子適諸侯，升自阼階，諸侯納管鍵，執策而聽命，示莫爲主也。是以王者不畜聚，下藏於民，遠浮利，務民之義，義禮立則民化上，若是，雖湯、武生存於世，無所容其慮。工商之事，歐治之任，何姦之能成？三桓專魯，六卿分晉，不以鹽鐵。故權利深者，不在山海，在朝廷；一家害百家，在蕭牆，而不在朐邴也。」（鹽鐵論禁耕篇第五）

對內要政治清平，社會安定，民生樂利，要靠修德，不能興利，更不能與民爭利。把財富壟斷在政府手上，不准百姓插手，將使人心渙散，離心離德。分配若再有不均，則更增加社會的不安與混亂。文學們說：

「孔子曰：『有國有家者，不患寡而患不均，不患貧而患不安。』故天子不言多少，諸侯不言利害，大夫不言得喪。畜仁義以風之，廣德行以懷之。是以近者親附而遠者悅服。故善克者不戰，善戰者不師，善師者不陣。修之於廟堂，而折衝還師。王者行仁政，無敵於天下，惡用費哉？」（鹽鐵論本議篇第一）

政府言利將有害於國家，而「畜仁義以風之，廣德行以懷之」的辦法，不但可使近者親附，百姓歸心，更可使遠者悅服，四夷內向。一舉兩得，天下太平，而戰火可熄，兵禍可免。既無兵禍，則不必言利，不言利則民心安定，農業富足。何必興鹽鐵、榷酒酤、用均輸、行平準，弄得天下匈匈，四海沸騰？

文學們由反對新財經措施的與民爭利，而提出貴德行仁的治國原則。依此原則可以內安百姓，外服四夷，不必大動干戈，以威服人。用兵的需要一旦消失，則政府官員將喪失實行財經新政的理由，也將不能再堅持繼續實行這些措施。文學們說：

「古者貴以德而賤用兵。孔子曰：『遠人不服，則修文德以來之。既來之，則安之。』今廢道德而任兵革，興師而伐之，屯戍而備之，暴兵露師以支久長，轉輸糧食無已，使邊境之士飢寒於外，百姓勞苦於內。立鹽鐵，始張利官以給之，非長策也。故以罷之爲便也。」（鹽鐵論本議篇第一）

能停止對外用兵及鹽鐵酒專賣等措施，就是重新認定農業的地位。農業能再度被重視，可使社會恢復舊觀，解決民生疾苦的問題。

政府非但沒有以德治天下，反而大興工商以牟利，雖然沒有徵重稅於農，却比重稅更嚴重的打擊了農業，甚而動搖了農業社會的基礎。那就是人民不再敦厚篤實，而轉趨現實功利。這對社會的安定與和諧，關係至大，當時人民犯法者多，爲盜匪者也不少，其原因卽在人心浮動，不肯脚踏實地的工作，人民之所以不肯踏實工作，追根究底是財經改革所產生的副作用。所以文學們爲此大加批評說：

「夫導民以德，則民歸厚；示民以利，則民俗薄。俗薄則背義而趨利，趨利則百姓交於道而接於市。老子曰：『貧國若有餘。』非多財也，嗜慾衆而民躁也。是以王者崇本退末，以禮義防民，欲實菽粟貨財。市，商不通無用之物，工不作無用之器。故商所以通鬱滯，工所以備器械，非治國之本務也。」（鹽鐵論本議篇第一）

工商絕非治國的本務，重視工商，只是示民以利。示民以利則風俗澆薄，人民嗜欲多而且浮躁不安，將帶給國家社會更多的問題與紛擾。

第二節　新財經措施使民風澆薄

來自民間的賢良文學們，大聲疾呼，批評政府的重利政策，主要的原因是當時的社會風氣，已經因為實行各項新財經措施而由純樸轉趨浮華，人民生活較前農業時代奢靡已極。文學說：

「古者采椽不斲，茅茨不翦，衣布褐，飯土硎，鑄金為鉏，埏埴為器，工不造奇巧，世不寶不可衣食之物，各安其居，樂其俗，甘其食，便其器。是以遠方之物不交，而昆山之玉不至。今世俗壞而競於淫靡，女極纖微，工極技巧，雕素樸而尚珍怪，鑽山石而求金銀，沒深淵求珠璣，設機陷求犀象，張網羅求翡翠，求蠻貉之物以眩中國，徙邛、筰之貨致之東海，交萬里之財，曠日費功，無益於用。是以揭夫（王利器說：作「褐夫」義較長。）匹婦，勞罷力屈，而衣食不足也。」（鹽鐵論通有篇第三）

對世俗風氣的敗壞，競於淫靡，文學認為只是使百姓勞罷力屈，衣食不足，可謂毫無益處。賢良則詳細的分析比較了各方面的變化，認為當時是太過於奢侈浮華。賢良舉了許多實例：

一、食的方面：

有錢的富人，甚至中等人家，使用精緻豪華的餐具，「富者銀口黃耳，金罍玉鍾。中者野王紵器，金錯蜀杯。」（鹽鐵論散不足篇第二十九）開始講究口味，專吃味美而難得的菜肴，像「鮮羔䍪，幾胎肩，皮黃口。春鵝秋鶵，冬葵溫韭，浚茈蓼蘇，豐莢耳菜，毛果蟲貉。」（同上）宴客則更講求排場，一定要百味雜陳。而且飲宴經常不斷，不少人忙着吃喝，以致荒廢了正業。「今民間酒食，殽旅重疊，燔炙滿案，臑鼈膾鯉，麑卵鶉鷃橙枸，鮐鱧醢醯，衆物雜味。……今賓昏酒食，接連相因，析酲什半，棄事相隨，慮無乏日。」（同上）由於大家吃喝成風，市場上就有了專賣現成各種菜肴的飯館子，人們工作不再認眞，吃東西却從不落後，「今熟食徧列，殽施成市，作業墮怠，食必趣時。」（同上）在飲食方面的奢侈浪費，極爲嚴重，已超過了果腹解渴的程度，賢良沈痛的說：「今閭巷縣佰，阡伯屠沽，無故烹殺，相聚野外。負粟而往，挈肉而歸。夫一豕之肉，得中年之收，十五斗粟，當丁男半月之食。」（同上）

二、衣的方面：

百姓在穿着方面，也豪奢到踰越了身份、地位的程度，以致人和服裝不能相稱。賢良說：

「古者庶人耋老而後衣絲，其餘則麻枲而已，故命曰布衣。及其後，則絲裏枲表，直領無褘，袍合不緣。夫羅紈文繡者，人君后妃之服也。繭紬縑練者，婚姻之嘉飾也。是以文繒薄織，不粥於市。今富者縟繡羅紈，中者素綈冰錦。常民而被后妃之服，褻人而居婚姻之飾。夫紈素之賈倍縑，縑之用倍紈也。」（鹽鐵論散不足篇第二十九）

中等以上百姓平日所穿着的衣服，質料柔美，花色鮮艷，「富者鼲鼦，狐白鳧翥；中者罽衣金縷，燕鼦代黃。」（同上）「玄黃雜青，五色繡衣。」（同上）婚嫁時的衣着就更講究了，「富者皮衣朱貉，繁路環珮。中者長裾交緯，璧瑞簪珥。」（同上）不但衣服如此，鞋子也有了極大的改變，即使當時的婢妾也足穿皮鞋絲履，而為人僕役的更穿細軟而有裝飾的鞋子，其享受由此可見一斑了。

三、住和行的方面：

有錢人不但在衣、食上享受，居住環境也大見改善，他們住的是雕樑畫棟的樓房，「井幹增梁，雕文檻楯，堊幔壁飾」（鹽鐵論散不足篇第二十九）。臥室的裝潢，尤見華麗，「富者黼繡帷幄，塗屏錯跗。中者錦綈高張，采畫丹漆。……富者繡茵翟柔，蒲子露林。中者獏皮代旃，闒坐平莞。」（同上）回想過去「古者采椽茅茨，陶桴複穴，足禦寒暑，蔽風雨而已。及其後世，采椽不斲，茅茨不翦，無斲削之事，磨礱之功。大夫達稜楹，士穎首，庶人斧成木構而已。」（同上）眞是不可同日而語。

在家享受之外，出門更需要氣派，於是「富者連車列騎，驂貳輜軿。中者微輿短轂，煩尾掌蹄。」（鹽鐵論散不足篇第二十九）車子裝飾的華美漂亮，更令人驚訝，「今庶人富者銀黃華左搔，結綏韜杠。中者錯鑣塗采，珥靳飛軨。……富者轃耳銀鑷轙，黃金琅勒，罽繡弇汗，垂珥胡鮮。中者漆韋紹系，采畫暴乾。」（同上）車飾、馬飾，奢華至此程度，其花費就必如賢良所說：「夫一馬伏櫪，當中家六口之食，亡丁男一人之事。」（同上）

四、祭祀方面：

人們在祭祀鬼神上，也表現出不必要的浪費。在棺槨衣衾上：「今富者繡牆題湊，中者梓棺楩椁，貧者畫荒衣袍，繒囊緹橐。」（鹽鐵論散不足篇第二十九）殉葬的明器也又多又好：「今厚資多藏，器用如生人。郡國繇吏素桑楺偶車櫓輪，匹夫無貌領，桐人衣紈綈。」（同上）墓地的修建，更極奢華之能事，「今富者積土成山，列樹成林，臺榭連閣，集觀增樓。中者祠堂屏閤，垣闕罘罳。」（同上）可悲的是，這些做法，並不表示子女對尊親的一片孝思，只是風氣所尚，競誇豪奢，活人在爭面子而已。賢良沉痛的說：「古者事生盡愛，送死盡哀。故聖人爲制節，非虛加之。今生不能致其愛敬，死以奢侈相高；雖無哀戚之心，而厚葬重幣者則稱以爲孝，顯名立於世，光榮著於俗。故黎民相慕効，至於發屋賣業。」（同上）再由於大家的迷信鬼神，以致於巫祝大行其道，大發利市，這都不是正常而合理的現象。

五、社會風俗：

富人在食、衣、住、行、喪葬等方面都比過去浮華，影響所及，已不只是個人問題，而是在形成一股社會風尚後的社會問題。這時的社會風尚是吃喝玩樂，虛浮而又現實。家中僕妾如雲，歌舞不絕，豢養犬馬，嬉樂無已。貧富之間，相去甚遠，小老百姓生活仍極困苦。「百姓或短褐不完，而犬馬衣文繡。黎民或糟糠不接，而禽獸食粱肉。」（鹽鐵論散不足篇第二十九）卽使是住在中國的蠻夷，受到政府的照顧也比百姓多，「百姓或旦暮不贍，蠻、夷或厭酒肉。黎民泮汗力作，蠻、夷交脛肆踞」。（同上）

社會問題如此嚴重，政府官吏仍在以官僚作風，粉飾昇平，而且漠視民命，享受如故。賢良批評說：

「今縣官多畜奴婢，坐稟衣食，私作產業爲姦利，力作不盡，縣官失實。百姓或無斗筲之儲，官奴累百金；黎民昏晨不釋事，奴婢垂拱遨遊也。」（鹽鐵論散不足篇第二十九）

又說：

「今工異變而吏殊心，壞敗成功，以匿厥意。意極乎功業，務存乎面目。積功以市譽，不恤民之急。田野不辟，而飾亭落，邑居丘墟，而高其郭。」（同上）

由於政府一心求利，大興工商，以致「士大夫務於權利，怠於禮義，故百姓倣傚，頗踰制度。」（鹽鐵論散不足篇第二十九）上行下效，競於奢靡，於是民風澆薄，現實功利而不敦厚樸實。社會貧富差距加大，不平之事加多，皆足以使社會不安，武帝晚期盜賊之多，問題已極嚴重。賢良文學認爲這些都是興辦國營事業所帶來的弊端。要根本解決經濟、社會各方面的問題，只有恢復過去的形態，以農爲本，則庶民富、風俗淳而國家安。

第三節　農爲國本應受重視

眞正的理民之道應該是尙本節用，戮力農耕足民足食。戰爭打開了對外的交通，工商業則帶來了各地的珍奇物品。在政府官員認爲這正是發展工商經濟的大好時機，而文學們則認爲各國的奇物玩好，充斥市場，只是使社會趨向奢靡。社會風氣一旦講求浮華浪費，則百病叢生，問題孔多。文學們說：

「古者，商通物而不豫，工致牢而不僞。故君子耕稼田魚，其實一也。商則長詐，工則飾罵，內懷闚闟而心不怍，是以薄夫欺而敦夫薄。昔桀女樂充宮室，文繡衣裳，故伊尹高逝遊薄，而女樂終廢其國。今驘驢之用，不中牛馬之功；鼲貂旃罽，不益錦綈之實。美玉珊瑚出於昆山，珠璣犀象出於桂林，此距漢萬有餘里。計耕桑之功，資財之費，是一物而售百倍其價也，一揖（盧文弨說：揖、挹通。）而中萬鍾之粟也。夫上好珍怪，則淫服下流；貴遠方之物，則貨財外充。是以王者不珍無用以節其民，不愛奇貨以富其國。故理民之道，在於節用尚本，分土井田而已。」（鹽鐵論力耕篇第二）

工商與農的性質不同，過去工商之民坐市居肆，與農人相比，不必經常暴露於風雨，勞力時間短而所得到的利益却高於農人甚多。所以被一般人直覺的認爲他們是在坐牟厚利，不事生產。唯有重農才是治國根本之計。文學們說：

「洪水滔天，而有禹之績；河水泛濫，而有宣房之功。商紂暴虐，而有孟津之謀；天下煩擾，而有乘羨之富。夫上古至治，民樸而貴本，安愉而寡求。當此之時，道路罕行，市朝生草。故耕不强者無以充虛，織不强者無以掩形。雖有湊會之要，陶宛之術，無所施其巧。自古及今，不施而得報，不勞而有功者，未之有也。」（鹽鐵論力耕篇第二）

重視農業可以富國，可以使人民安居樂業，社會純樸。否則以利相爭，於己無益，於國更有害。

文學說：

「禮義者國之基也，而權利者政之殘也。孔子曰：『能以禮讓爲國乎，何有？』伊尹、太公以百里興其君，管仲專於桓公，以千乘之齊而不能至於王，其所務非也。故功名隳壞而道不濟。當此之時，諸侯莫能以德，而爭於公利，故以權相傾。今天下合爲一家，利末惡欲行？淫巧惡欲施？大夫君以心計策國用，構諸侯，參以酒榷，咸陽、孔僅增以鹽鐵，江充、楊可之等各以鋒銳，言利末之事析秋毫，可爲（王利器校：九行本等「爲」作「謂」。）無間矣。非特管仲設九府徼山海也。然而國家衰耗，城郭空虛。故非崇仁義無以化民，非力本農無以富邦也。」

（鹽鐵論輕重篇第十四）

自古以來，唯有禮義可以化民成治。殷周能以百里興國，就是因爲行禮義的緣故。管仲輔佐齊桓公，只能稱霸於諸侯，而不能稱王於天下。因爲他只知致力於興工商魚鹽之利，設九府，徼山海。漢武帝時變本加厲，更參以酒榷，增加鹽鐵專賣。把「利」字講到「析秋毫，可爲無間」（同上）的地步。上行下效，其影響社會民心，眞不可謂不大。物極必當反本，所以文學們大聲疾呼要崇仁義以化民成俗，力本務農以富國富民。

政府興工商，是爲了解決財政困境，是爲利，一旦取消那些措施，國家的財政問題又當如何解決？賢良文學們認爲財政困難，因討伐四夷而起，只要偃武休兵，開支卽可減少。而反本重農之後，農業的生產足可供應人民生活所需。卽使是凶年饑歲，仍有餘財可以安民。所以文學又說：

「古者十一而稅，澤梁以時入而無禁，黎民咸被南畝而不失其務。故三年耕而餘一年之蓄，九年耕有三年之蓄。此禹、湯所以備水旱而安百姓也。草萊不闢，田疇不治，雖擅山海之財，通百末之利，猶不能贍也。是以古者尚力務本而種樹繁，躬耕趣時而衣食足。雖累凶年而人不病也。故衣食者民之本，稼穡者民之務也。二者修，則國富而民安也。」（鹽鐵論力耕篇第二）

藏富於民，遠勝於「擅山海之財，通百末之利」（同上），政府重視農業，減輕賦稅，百姓一定努力耕種。努力生產必有餘糧，有餘糧則可以備水旱等天災而安百姓，何必興工商、用均輸？用兵四夷，原本不必，外無兵禍，內倡農耕，國富民安，正是三代之治。

政府官員所着重的是現實的政治、軍事問題，和財經問題。而文學則着重政治理想，强調治國以德，富民以農。因為對農業社會的純樸不欺和安定和諧所抱的期望太高，所以對因興辦工商所導致人心趨利，傷風敗俗的不良後果，特別反感。為此而否定政府過去的許多財經改革措施的部分成就，也在所不惜。所以在整個辯論一開始時，文學就說：

「竊聞治人之道，防淫佚之原，廣道德之端，抑末利而開仁義，毋示以利，然後教化可興，而風俗可移也。今郡國有鹽鐵、酒榷、均輸，與民爭利。散敦厚之樸，成貪鄙之化。是以百姓就本者寡，趨末者衆。夫文繁則質衰，末盛則本虧。末修則民淫，本修則民愨。民愨則財用足，民侈則飢寒生。願罷鹽鐵、酒榷、均輸，所以進本退末，廣利農業，便也。」（鹽鐵論本議篇第一）

第三章　利弊的討論

第一節　新財經措施的師古法古

「昔太公封於營丘，辟草萊而居焉。地薄人少，於是通利末之道，極女工之巧。是以鄰國交於齊，財畜貨殖，世爲彊國。管仲相桓公，襲先君之業，行輕重之變，南服彊楚而覇諸侯。今大夫各修太公、桓、管之術，總一鹽鐵，通山川之利而萬物殖。是以縣官用饒足，民不困乏，本末並利，上下俱足。此籌計之所致，非獨耕桑農業也。」（鹽鐵論輕重篇第十四御史曰）

由御史所言，漢代鹽鐵專賣政策，實取法於太公、管仲。太公之策不得其詳，管仲治齊，通魚鹽之利以富國，其措施猶可略見於管子一書。

管仲富國方法爲「官山海」，管子說：

「海王之國，謹正鹽筴。……十口之家，十人食鹽；百口之家，百人食鹽。終月大男食鹽五升少半，大女食鹽三升少半，吾子食鹽二升少半，此其大曆也。……萬乘之國，人數開口千萬也。禺筴之商，日二百萬，十日二千萬，一月六千萬，萬乘之國，正九百萬也。月人三十錢之籍，爲錢三千萬，今吾非籍之諸君吾子，而有二國之籍者六千萬。使君施令曰：吾將籍於諸君吾子，則必囂號。今夫給之鹽筴，則百倍歸於上，人無以避此者，數也。

「今鐵官之數曰：一女必有一鍼一刀，若其事立；耕者必有一耒一耜一銚，若其事立；行服連軺輂者，必有一斤一鋸一錐一鑿，若其事立。不爾而成事者，天下無有。令鍼之重加一也，三十鍼一人之籍，刀之重加六，五六三十，五刀一人之籍也。耜鐵之重加七，三耜鐵一人之籍也。其餘輕重皆准此而行，然則舉臂勝事，無不服籍者。」（管子海王篇第七十二）

管仲對民生必需品食鹽和鐵器的需要量，估算極詳。其目的在與其直接向人民多徵稅捐，引起必然的反對，還不如在鹽鐵上徵稅，方法雖然間接，但是無人能免除這種稅捐的負擔，這就是管仲的鹽鐵徵稅辦法。

在鹽業方面，管仲又說：

「君伐菹薪，煮泲水爲鹽，正而積之三萬鍾。至陽春，請籍於時。……陽春農事方作，……北海之衆，毋得聚庸而煮鹽。然鹽之賈必四什倍，君以四什之賈修河濟之流，南輸梁、趙、宋、衞、濮陽。惡食無鹽則腫，守圉之本，其用鹽獨重。君伐菹薪，煮泲水以籍於天下，然則天下不減矣。」（管子地數篇第七十七）

「君伐菹薪，煮泲水爲鹽」，是公營鹽業；「北海之衆，毋得聚庸而煮鹽」，則是民營鹽業。但在農忙時，民營鹽業必須暫停，一則恐怕妨礙農事，再則生產減少，鹽價必貴，此時公營鹽業，大量外銷梁趙等地，政府可得厚利。

在冶鐵方面，則完全開放民營，政府只加徵稅捐。其理由是公營冶鐵，徒然招致民怨，得不償失，而徵稅則可獲淨利。管仲說：

「今發徒隸而作之，則逃亡而不守。發民，則下疾怨上，邊竟有兵，則懷宿怨而不戰。未見山鐵之利，而內敗矣。故善者不如與民量其重，計其贏。民得其十，君得其三，有襍之以輕重，守之以高下，若此，則民疾作而爲上虜矣。」（管子輕重乙篇第八十一）

均輸平準的措施，也頗取法於古人。管仲就曾說：

「歲有凶穰，故穀有貴賤；令有緩急，故物有輕重。然而人君不能治，故使蓄賈遊市，乘民之不給，百倍其本。分地若一，彊者能守；分財若一，智者能收。智者有什倍人之功，愚者有不賡本之事。然而人君不能調，故民有百倍之生也。……凡輕重之大利，以重射輕，以賤泄平，萬物之滿虛，隨財准平而不變，衡絕則重見。人君知其然，故守之以准平。……夫物多則賤，寡則貴；散則輕，聚則重；人君知其然，故視國之羨、不足而御其財物。穀賤則以幣予食，布帛賤則以幣予衣，視物之輕重而御之以准。故貴賤可調而君得其利。」（管子國蓄篇第七十三）

平準的辦法，旨在平抑物價、調節盈虛，既便利人民，又有利於國家。不只管仲深知平準兼具照顧民生和政府理財的多重功能，在周禮中也有類似的辦法：

「泉府，掌以市之征布，斂市之不售，貨之滯於民用者，以其賈買之。物楬而書之，以待不時而買者。買者各從其抵，都鄙從其主，國人、郊人從其有司，然後予之。凡賒者，祭祀無過旬日，喪紀無過三月。凡民之貸者，與其有司辨而授之，以國服爲之息。凡國之財用取具焉，歲終則會其出入而納其餘。」（周禮注疏地官泉府卷第十五）

周禮所記，比較偏重於調節貨物的盈虛，而「待不時而買者」，却要買者先取得地方長官的證明，雖然收取利息，但可明白看出不是以充裕國庫爲目的。管仲則在便民利民之外，注意到了政府的利益。降至漢武帝，均輸平準就純以增加國庫收入爲主要目的了。鹽鐵的利益，在漢代不但被大加利用，而且成了獨佔性的利用。管仲不願國營冶鐵所顧慮的困擾，在漢代不但發生，而且情況嚴重。這都說明漢代財經改革師法古人，却只着眼於政府的收入，未能同時考慮到弊端的防範，以致流弊叢生，受到百姓激烈反對。

第二節　鹽鐵國營

鹽鐵等收歸國營後，偶有部份特殊人物，故意與政府抗衡，如：「趙國旨冶鑄爲業，王數訟鐵官事。湯常排趙王。」（漢書張湯傳卷第五十九）這是既得利益者的反對。知識份子的不滿，則有武帝元鼎年間的徐偃。博士徐偃在巡按各地風俗時，以安定社稷恤存萬民的理由「矯制，使膠東、魯國鼓鑄鹽鐵」（漢書嚴朱吾丘主父徐嚴終王賈傳卷第六十四下）。徐偃振振有辭，詔命終軍詰責徐偃。終軍說：

「且鹽鐵，郡有餘臧，正二國廢（王念孫說：正猶卽也。），國家不足旨爲利害，而旨安社稷、存萬民爲辭，何也？……膠東南近琅邪，北接北海；魯國西枕泰山，東有東海；受其鹽鐵。偃度四郡口數、田地，率其用器食鹽（王先謙說：率，總也。），不足旨幷給二郡耶？將埶宜有餘，而吏不能也，何旨言之？偃矯制而鼓鑄者，欲及春耕種贍民器也。今魯國之鼓，當先具其備，至秋迺能擧火，此言與實反者非。」（同上）

終軍以兩個主要的理由質問徐偃，一是膠東、魯國不需要鼓鑄鹽鐵，依賴附近四郡供應已足。二是膠東、魯國自行鼓鑄鹽鐵，由設備而生產，需時甚久，緩不濟急。結果徐偃辭窮，服罪當死。這是擅自作主，容許地方私自鑄鐵煮鹽的例子。雖然被制止，但是當時推行所遇的阻力，由此可見一斑。

政府興辦鹽鐵國營產銷政策的兩大主因，一是經濟上開闢財源的目的，二是政治上抑强安民的目的。就專賣政策本身而言，國營以前的情形是：「家人合會，褊於日而勤於用。鐵力不銷鍊，堅柔不和。」（鹽鐵論水旱篇第三十六）因爲是家人合會湊錢，自然資金不足；而在農閒時才能從事生產，則工作時間不算充裕；技術不精，更使鐵力不銷鍊，堅柔不合，品質甚差。以如此生產狀況，自然不能與豪富巨賈所大量生產者相比。不但不足以與人競爭，更是花了錢，出了力，而成果不理想。

國營以後的情形是：「卒徒工匠以縣官日作公事，財用饒，器用備。……一其用，平其賈，以便百姓公私。……吏明其教，工致其事，則剛柔和，器用便。」（鹽鐵論水旱篇第三十六）由於資本雄厚，設備齊全，人力、時間也都足夠，在專業人員的技術指導下，生產的成品是物美價廉。不但物美，而且更可因政府統一產銷，使百姓不再受私人壟斷之苦，而能專心致力於農事，不必旁騖於工具的生產。御史大夫說：

「故扇水都尉彭祖寧歸，言鹽鐵令品，令品甚明。卒徒衣食縣官，作鑄鐵器，給用甚衆，無妨於民。」（鹽鐵論復古篇第六）

又說：

「今縣官鑄農器，使民務本，不營於末，則無饑寒之累。」（鹽鐵論水旱篇第三十六）

國營利益如此之大之好，但是在漢武帝當時，董仲舒就上書建議：「鹽鐵皆歸於民」（漢書食貨志下卷第二十四）御史大夫卜式，「見郡國多不便縣官作鹽鐵，器苦惡，賈貴，或彊令民買之。而船有算，商者少，物貴。」（同上）於是也因孔僅上言。武帝不但未加採納，反而遷怒於卜式、孔僅。到昭帝時，賢良文學們的批評，大致不出卜式所說的範圍。玆就生產、品質、價格、銷售等方面分別論述之。

一、**生產方面**：雖然國營事業有固定人員從事生產，但却時常徵調人民助工。因爲工作繁劇，使百姓不堪，只好自己以錢雇傭代工，眞是不勝其苦。文學說：「故鹽冶之處，大傲（陳遵默說：傲、校聲借。）皆依山川，近鐵炭，其勢咸遠而作劇。郡中卒踐更者，多不勘（沈延銓本勘作堪，是。）責取庸代。」（鹽鐵論禁耕篇第五）有時是爲趕工而輪流徵民協助，賢良說：「卒徒作不中呈，時命助之。發徵無限，更繇以均劇，故百姓疾苦之。」（鹽鐵論水旱篇第三十六）後來貢禹在上書中也說：

「今漢家鑄錢，及諸鐵官，皆置吏卒徒，攻山取銅鐵，一歲功十萬人已（宋祁說：已當作以。）上。中農食七人，是七十萬人常受其飢也。」（漢書王貢兩龔鮑傳卷第七十二）

冶鐵、煮鹽都是工作辛苦而且需要人工多的生產事業。由於人民生活中對鹽、鐵的需求量大，加上軍事的需要，生產量是必須注意的，於是爲了卒徒的「作不中呈」，而徵民作工。當初爲了減少百姓負擔而替他們生產各種工具，結果反而徵發百姓放下本身的農事，去幫助政府生產。其激起民怨，是必然的。

二、品質方面：政府統一生產，其品質應該達到並維持在一定的水準以上，才合情理。但是「今縣官作鐵器，多苦惡，用費不省」（鹽鐵論水旱篇第三十六）、「器多堅𥗑，善惡無所擇」（同上）。其所以如此的原因是：「縣官鼓鑄鐵器，大抵多爲大器。務應員程，不給民用。民用鈍弊，割草不痛。是以農夫作劇，得獲者少，百姓苦之矣。」（同上）民用鐵器品質之所以不好，因爲官鑄的以「大器」爲主。觀上下文意，大器顯然不是百姓平日所需要的那種。而且爲了「務應員程」，達到規定的限度而在趕工，於是百姓農耕用的鐵器，並不屬於主要的生產品。既使生產，恐怕也是以餘力爲之。在此情形下，品質也就難求其水準了。不過產品差到「割草不痛」，也就未免太過份了。

三、價格方面：鹽鐵收歸國營的目的是防止少數人在貨源上的壟斷，和價格上的哄抬。而國營的結果却是生產不足、品質太差。百姓受到的不再是豪强巨賈的壟斷，而是政府的壟斷，這與原意也大相逕庭。而政府爲了彌補財政赤字，視鹽鐵爲奇貨可居的利孔。既是興利之途，就更不可能在價格上求其合理了。「用費不省」（鹽鐵論水旱篇第三十六）、「善惡無所擇」（同上）、「鹽鐵價貴，百姓不便」（同上）等批評，正說明了這一現象。

尤有甚者，「縣邑或以戶口賦鐵，而賤平其準。良家以道次發僦運鹽鐵，煩費，百姓病苦之。」（鹽鐵論禁耕篇第五文學曰）「鐵官賣器不售，或頗賦與（王利器注：與通於。）民。」（鹽鐵論水旱篇第三十六賢良曰）爲了達到營業額，而强迫推銷，賦之於民，而且派老百姓去運鹽鐵，工作苦又花錢。這些做法不但不合理，更大大的違背了興辦國營事業的原意了。

四、銷售問題：鹽鐵產品在當時除了因價昂、物劣而大受詬病之外，又由於售賣者是官方人員，於是服務態度也有了問題。賢良批評說：「吏數不在，器難得。家人不能多儲，多儲則鎭生。（張敦仁說：鎭當作鉎。鉎生者，鐵衣生也。案：鐵衣生，即生鐵銹之意。）棄膏腴之日，遠市田器，則後良時。」（鹽鐵論水旱篇第三十六）店員經常不在，有錢也買不到東西。多跑幾趟，一定耽誤工作。若多買一些存儲備用，放久了又怕生銹。那些公家賣的鐵器原本不甚鋒利，若再生銹，豈不成了廢鐵？國營原爲便民利民，不料反而擾民害民。

御史大夫對上述諸弊端，無法不承認，但他仍堅持繼續下去，因爲一旦停止，將大有害於國。「今放民於權利，罷鹽鐵以資暴彊，遂其貪心，衆邪羣聚，私門成黨，則强禦日以不制，而幷兼之徒姦形成也。」（鹽鐵論禁耕篇第五）可是賢良文學們綜合以上種種事實後，認爲鹽鐵國營政策，根本上是失敗的，是一個最傷民害農的政策。文學說：「縣官籠而一之，則鐵器失其宜，而農民失其便。器用不便，則農夫罷於壄而草萊不辟。草萊不辟則民困乏。」（鹽鐵論禁耕篇第五）傷民害農的結果是社會蕭條，國家不安，這個損失是不可彌補的。所以賢良文學們堅持主張立卽停止鹽鐵國營以安民。

第三節　均輸平準、改革幣制

漢代全國各地的特產品，照例要進貢到京師。進貢的東西未必很值錢，可是運費却非花不可，省不下來。而長途運送，萬一物品破損或腐壞，就更不夠本了。這就是御史大夫所說的情形：「往者郡國諸侯各以其方物貢輸，往來煩雜，物多苦惡，或不償其費。」（鹽鐵論本議篇第一）於是政府用均輸的辦法，在郡國設置均輸官，來負責轉運各地貢品，流通有無，將所得利潤繳交政府。此外，更可同時達到政府直接控制物價的目的。收購的種類、多寡、時間、地點，都由政府決定，再直接運到需要或價高的地方售出，藉以安定市場，並保障買賣雙方的利益，這就是平準。

均輸平準二者相輔相成，其效果顯著者有下述幾項：

一、解決以實物納稅輸貢的許多困難，此卽御史大夫所謂「便遠方之貢」和「民齊勞逸」（均見鹽鐵論本議篇第一）

二、各地物產可以流通全國，而且價格平穩。買賣雙方都有保障且有利可得。

三、商人囤積居奇，賤買貴賣以牟暴利的情形，受到控制。

四、政府建立運輸網和銷售網，使收益大大增加。而且收到的是現金，不是貨品。國庫充裕，卽可不加重農民的租稅負擔。

均輸平準在平時是「通委財」、「平萬物」、「便百姓」（均見鹽鐵論本議篇第一）。到了發生戰爭或天災時，政府尤其能夠以之應急，而不受制於商人。武帝之能好大喜功、開疆拓土實賴於此。

均輸、平準所獲的利益雖然可觀，但是實行時的一些弊端，使此一辦法並不能完全達到前述的預期目標。文學說：

「古者之賦稅於民也，因其所工，不求所拙。農人納其獲，女工効其功。今釋其所有，責其所無。百姓賤賣貨物以便上求。間者，郡國或令民作布絮，吏恣留難，與之爲市。吏之所入，非獨齊、阿之縑，蜀、漢之布也，亦民間之所爲耳。行姦賣平，農民重苦，女工再稅，未見輸之均也。」（鹽鐵論本議篇第一）

貢輸是貢當地物產富饒的東西，「因其所工，不求所拙。農人納其獲，女工効其功。」（鹽鐵論本議篇第一）「輸其地土所饒」（漢書百官公卿表卷第十九注引孟康曰）。而均輸就是爲了「齊勞逸而便貢輸」（鹽鐵論本議篇第一。王利器注：續漢書百官志注引「齊勞逸」作「不劬勞」，通典、通考作「不勞」）。但是此一良法美意，在當時却變成「釋其所有，責其所無，百姓賤賣貨物以便上求」（同上）的苛政，强迫百姓不輸他們所有的農產品或布帛，而責求他們貢其所無的金錢或其他物品。百姓這時只有以低價賣出他所生產的物品，換取金錢或高價買入他所無却要貢輸的物品。卽使國家需要金錢或這些物資，但這樣做事實上是政府只顧自己而犧牲了百姓。

再者，「吏恣留難，與之爲市。……行姦賣平」（鹽鐵論本議篇第一）有意的刁難和在百姓身上賺錢，甚至行姦在價格上不公道，使農民受到雙重的痛苦，而女工則等於是繳納了兩次賦稅。

文學又說：「縣官猥發，闔門擅市，則萬物並收。萬物並收，則物騰躍。騰躍，則商賈侔利。自市，則吏容姦，豪吏富商積貨儲物以待其急，輕賈姦吏收賤以取貴，未見準之平也。」（鹽鐵論本議篇第一）

平準的目的是平抑物價，使商賈不能居中牟取暴利。實行之初，成績極好，「民不益賦而天下用饒」（漢書食貨志卷第二十四下）久而久之，出現了弊端。其一，政府官員「猥發」、「擅市」、「萬物並收」（均見鹽鐵論本議篇第一），以致物價飛漲，囤積居奇的商人在上述情形下，獲得暴利。其二，官商舞弊，「豪吏」和「富商」勾結，囤積貨物等待政府的高價收購。另一方面，「姦吏」和「輕賈」合作，便宜買進投機牟利。文學批評說：「未見準之平也」，一點也不錯，而此不平更是政府造成的。

在漢武帝以前，貨幣的鑄造權是開放的。放任自鑄，不但製造出了豪强巨賈，而且形成了壟斷的局面。再由於一般小百姓無力鑄造貨幣，於是富者愈富，貧者愈貧。政府有責任抑制商人的姦僞不法，更有責任改善貧富差距過大的現象。御史大夫說：

「交幣通施，民事不及，物有所幷也。計本量委，民有飢者，穀有所藏也。智者有百人之功，愚者有不更本之事，人君不調，民有相妨之富也。此其所以或儲百年之餘，或不厭糟糠也。民大富，則不可以祿使也；大彊，則不可以罰威也。非散聚均利者不齊。故人主積其食，守其用，制其有餘，調其不足，禁溢羨，厄利塗，然後百姓可家給人足也。」（鹽鐵論錯幣篇第四）

貨幣的鑄造權在事實的必要下，收歸國有。所謂「俗弊更法，非務變古也，亦所以救失扶衰也。故敎與俗改，弊（王先謙說：「弊」當作「幣」。）與世易。夏后以玄貝，周人以紫石，後世或金錢刀布。物極而衰，終始之運也。故山澤無征則君臣同利，刀幣無禁則姦貞並行。夫臣富（王利器校：「臣富」下當有「則」字。）相侈，下專利則相傾也。」（同上）官鑄的好處是：

「禁禦之法立而奸僞息，奸僞息則民不期於妄得而各務其職，不反本何爲？故統一，則民不二也；幣由上，則下不疑也。」（同上）

漢武帝時貨幣種類屢次更易，其鑄造由私而公，公則由郡國鑄之於先，水衡、三官統一鑄造五銖於後。再三的變革，使貨幣有了最大的困擾——貨幣信用問題。而官鑄以後，因爲偸工減料，更加深了幣信問題。文學說：

「吏匠侵利，或不中式，故有薄厚輕重。」（鹽鐵論錯幣篇第四）

百姓們一方面因爲「幣數易而民益疑」（鹽鐵論錯幣篇第四），再則分辨不清貨幣種類，更不知其眞僞，因而在使用上有極大的不便與困惑。所謂「農人不習，物類比之（王利器注：因物類推，來比較錢貨的輕重厚薄。）信故疑新，不知姦貞。」（同上）商賈們則乘機舞弊爲非，「幣數變而民滋僞」（同上）。他們一方面囤積貨品保值，以免貨幣更換時因貶值而有損失。另一方面則「以美貿惡，以半易倍。買則失實，賣則失理，其疑或（王利器注：或、惑古通。）滋益甚。」（同上）商人以壞的、不值錢的貨幣來偸換好的、值錢的貨幣，用欺騙的方法，使跟他往來的買者賣者都吃虧上當。

武帝時貨幣屢次變更，品質又不一致，都給百姓帶來苦惱，若再加上眞工大姦的盜鑄，局面就更亂了。政府用重刑嚴懲盜鑄貨幣的不法之徒，但却未見改善官鑄不中式、薄厚輕重不一的弊病。於是「擇錢則物稽滯，而用人（黃季剛說：「用人」當作「用者」。）尤被其苦。」（鹽鐵論錯幣篇第四）眞正吃大虧的仍是一般老百姓。

結　語

我國自古以田賦爲國家財政的主要來源，也是政治上統治人民的一種手段。田賦的輕重，關係財政至大，關係國脈民命尤大。漢代開國卽以輕徭薄賦爲號召，以此安定民生，收服民心，重農抑商是漢初的基本政策。所以武帝時財政上發生困難，也不敢輕易加重田賦，只有設法另闢財源。在農業經濟型態下，人們錢不夠用時，首先想到的是「節流」。因爲在過去，農業要增產，眞是談何容易。在增加收入困難的情形下，只有節省開銷，這就是賢良文學們的中心論點。而當時最大的開銷就是戰費，所以征伐四夷的戰爭應該立刻停止。若要追溯以往，征伐四夷根本是不必要的。賢良文學沒有籌措戰費的好方法，只有反戰了。

事實上在討論此一問題時，戰爭已近尾聲，而在戰火彌漫之時，國家已經財政困窘，在那時「節流」政策已經緩不濟急。身爲主管財經的政府官員們，在不能加徵田賦的限制下，只有另闢財源。於是破例的起用商人，由他們設計出一套套的新財經改革措施，而這些新措施所反應出來的經濟觀念，正是工商業經濟型態的特色：「開源」，想盡一切辦法開源。因此具有壟斷性的鑄錢、鹽鐵製造等工商業，必須收歸國營。一則可以節制私人資本，抑制商賈，不准其繼續控制民生，正符合漢代的政治傳統。再則，收歸國營正可發達國家資本，充裕國庫。這些措施雖因用兵而起，但是其目的並不僅只於兵費。對全民、對國家都有其重大意義。所可惜的是國家資本發達了，並未將利益分享全民，只是全部拿去滿足漢武帝的好大喜功和無盡的花費。百姓在民生工業收歸國營以後，不但絲毫未受其利，反而受困於國營事業的重重弊端，陷入更困苦的境地。「與民爭利」的弊病，是政府官員們無可推諉的過失。

漢代國營事業的弊病在於「專賣」。專賣，造成了獨佔的局面，即所謂「總其原，壹其賈」（鹽鐵論水旱篇第三十六）。不但貨源獨佔，價格也獨佔。國營事業經營得法，可以降低成本，提高品質，供應社會大衆物美價廉的產品。可是漢代國營事業的產品，却物不美、價不廉，供應的是高價的次貨，而貨源又常有不足現象。產銷不良，只害苦了無可選擇的買者，這些買者是廣大的農村人口與一般百姓。

造成漢代國營事業如此嚴重的弊病，主要是：人謀不臧。漢代公營事業草創之初，制度既不理想、健全，又乏主管之專業人員。制度的不足，尙可因人選的理想加以彌補，若經營人員不善，只有百病叢生了。當時的主持人東郭咸陽是「齊之大鬻鹽」，孔僅是「南陽大冶」，桑弘羊是「洛陽賈人之子」。其餘實際從事產銷工作的則是在選舉制度以外，權宜之計下任用的「故鹽鐵家富者」（均見漢書食貨志卷第二十四下）。這些人之被任用，無非是借重其專才與經驗，此在當時，有其不得已處，若以尋常官吏爲之，或選舉學者爲之，都將無法勝任。美中不足的是這些人水準不齊，品格不一。卜式批評桑弘羊「令吏坐市列，販物求利。」（同上）正因爲這些人只知賺錢繳交國庫，甚至爲自己牟利，那顧百姓的困苦與否？桑弘羊也承認此一事實：「吏或不良，禁令不行，故民煩苦之。」（鹽鐵論復古篇第六）

過去農民在開放民營時期，還可以很方便的以平價買到要用的東西。賢良說：「卒徒工匠，故民得占租鼓鑄煮鹽之時，鹽與五穀同賈，器和利而中用。……家人相一，父子戮力，各務爲善器。器不善者不集，農事急，輓運衍之阡陌之間。民相與市買，得以財貨五穀新弊易貨，或時貰民，不棄作業。置田器各得所欲，更繇省約。縣官以徒復作，繕治道橋諸發，民便之。」（鹽鐵論水旱篇第三十六）可是在國營以後，「則鐵器失其宜，而農民失其便。器用不便，則農夫罷於壄而草萊不辟。草萊不辟，則民困乏。」（鹽鐵論禁耕篇第五）國營事業的良法美意，却因執行的不得其人而有如此嚴重的流弊，眞可以爲後世之戒。好的政策，具有多項功能，若因執行時有弊病，就否定其存在的價值，也未免因小失大，因噎廢食，這就是賢良文學們最大的錯誤。這些政策的繼續實行，正說明了這一點。

在整個財經大改革中，受影響最大的除了農民以外，還有商賈。商賈也是民，但自漢初即一直受到壓制，漢武帝時更加重商賈的各項稅捐，並嚴加稽征，於是有了「商賈中家以上大氐破」（漢書食貨志卷第二十四下）的悲慘結局。商人的社會地位不高，居四民之末；政治前途沒有，不得仕宦爲吏；賺些錢又被重重的租稅所困辱；其遭遇如此，却始終不見有人出而爲這四民之末的商爭些地位，說些公道話。武帝時爲了解決財政困境，不得已起用商人爲大吏，但是商人的地位却未見提高，其所受待遇不但未見改善，反而因經濟大權全部集中政府，而更加困苦。這表示漢朝是有意的對商人加以限制、徵稅而又加以利用。一般商賈在漢朝的遭遇，恐怕連農人都比不上。

第四篇　征伐四夷功過的討論

因爲武帝時對四夷的用兵頻繁，導致一時國疲民困的局面。財政上許多充裕國庫的新措施，固然解決了政府的困境，但是對廣大民衆的生計，却未能有何直接的助益。於是自民間徵召來的賢良與文學們，不但對鹽鐵專賣等新財經措施大加攻擊，甚而追根究底，對武帝用武力開邊的政策也站在反對的立場，表示了極度的不滿。他們認爲不對外用兵，就不會民生困苦、社會不安。爲此和政府官員在以德服遠人或以力威四夷的問題上，展開了爭論。

第一章　征伐四夷的原因

第一節　恤民安邊

秦亡以後，英雄豪傑，忙於逐鹿中原；漢興之初，亂極思治，只有與民休息。在中國無暇對外之時，四夷乘機坐大，而以匈奴爲最强悍，時常侵擾邊境，甚而驚動中原。

「往者匈奴據河山之險，擅田牧之利，民富兵强，行入爲寇，則句注之內驚動，而上郡以南咸城。文帝時，虜入蕭關，烽火通甘泉，羣臣懼，不知所出，乃請屯京師以備胡。胡西役大宛、康居之屬，南與羣羌通。」（鹽鐵論西域篇第四十六大夫曰）

「往者，四夷俱强，並爲寇虐。朝鮮踰徼，劫燕之東地；東越越東海，略浙江之南；南越內侵，滑服令；氐僰、冉、駹、嶲、唐、昆明之屬，擾隴西、巴、蜀。」（鹽鐵論備胡篇第三十八大夫曰）

在四面邊境都遭受戰禍的情形下，邊民所受的苦難是深刻的，是不應漠視的。漢文帝時賈誼上陳政事疏，卽認爲邊患的困擾士卒百姓，是深可流涕的事。賈誼說：

「今西邊、北邊之郡，雖有長爵不輕得復，五尺已上不輕得息，斥候望烽燧不得臥，將吏被介胄而睡。臣故曰：一方病矣，醫能治之，而上不使，可爲流涕者此也。」（漢書賈誼傳卷第四十八）

武帝時王恢設謀於馬邑，想誘匈奴兵入塞而擊之，御史大夫韓安國反對，王恢所提出兵的理由之一就是邊民長久以來痛苦不堪。王恢說：

「今邊竟數驚，士卒傷死，中國槥車相望，此仁人之所隱也。」（漢書竇田灌韓傳卷第五十二）

槥車是載棺材的車，匈奴寇邊，結果中國士卒傷死，竟多到槥車相望不絕。漢武帝最初召集公卿議伐匈奴時就說明了他的感受，武帝說：

「朕飾子女以配單于，幣帛文錦，賂之甚厚。單于待命加嫚，侵盜無已，邊竟數驚，朕甚閔之。今欲舉兵攻之，何如？」（同上）

昭帝時檢討征伐匈奴的功過，政府官員們就再三强調：爲了安邊要制夷，爲了安民要伐胡。這是消極的防禦性用兵，並不是爲了開疆拓土而妄加征伐。雖然大漢領域因用兵而開拓，財政因用兵而窘困，但這究竟和好大喜功，窮兵黷武不同。政府官員說：

「匈奴背叛不臣，數爲寇暴於邊鄙。備之則勞中國之士，不備則侵盜不止。先帝哀邊人之久患，苦爲虜所係獲也，故修障塞，飭烽燧，屯戍以備之。」（鹽鐵論本議第一大夫曰）

「王者包含幷覆，普愛無私，不爲近重施，不爲遠遺恩。今俱是民也，俱是臣也，安危勞佚不齊，獨不當調邪？不念彼而獨計此，斯亦好議矣。邊緣之民處寒苦之地，距强胡之難，烽燧一動，有沒身之累。故邊民百戰，而中國恬臥者，以邊郡爲蔽扞也。詩云：『莫非王事，而我獨勞。』刺不均也。是以聖王懷四方獨苦，興師推卻胡、越，遠寇安災，散中國肥饒之餘以調邊境，邊境强則中國安，中國安則晏然無事，何求而不默也。

「湯武之伐，非好兵也；周宣王辟國千里，非貪侵也；所以除寇賊而安百姓也。故無功之師，君子不行，無用之地，聖王不貪。先帝舉湯、武之師，定三垂之難，一面而制敵，匈奴遁逃，因河山以爲防，故去沙石鹼鹵不食之地，故割斗辟之縣，棄造陽之地以與胡，省曲塞，據河險，守要害，以寬徭役，保士民。由此觀之：聖主用心，非務廣地以勞衆而已矣。」（鹽鐵論地廣

篇第十六大夫曰）

沒有邊防，就沒有中國，中國內地的安定與否，繫於邊境的强弱安危。所以征伐匈奴，一則是體恤邊民所承受多年的戰禍之苦，解其倒懸，表現政府普愛無私的愛民之心；再則爲了內地的安定富足，也該以內地的餘財與人力去支援邊境，以求國家全面的安定無患。

第二節　雪國恥、樹國威

漢朝幅員廣大，土地肥沃，人口衆多，而文化水準也最高。四夷地寡人少，不服王化，甚而擾亂中國。政府官員認爲漢武帝目光遠大，不以中原安定爲滿足，是正確的立場。御史大夫說：

「諸侯以國爲家，其憂在內。天子以八極爲境，其慮在外。故宇小者用菲，功巨者用大。」（鹽鐵論園池篇第十三）

此外更提出鄒衍大九州的學說，爲征伐四夷辯護：

「鄒子疾晚世之儒墨，不知天地之弘，昭曠之道，將一曲而欲道九折，守一隅而欲知萬方，猶無準平而欲知高下，無規矩而欲知方圓也。於是推大聖終始之運，以喻王公，先列中國名山通谷，以至海外。所謂中國者，天下八十一分之一，名曰：赤縣神州，而分爲九州。絕陵陸不通，乃爲一州，有大瀛海圜其外。此所謂八極，而天地際焉。禹貢亦著山川高下原隰，而不知大道之逕。故秦欲達九州而方瀛海，牧胡而朝萬國。諸生守畦畝之慮，閭巷之固，未知天下之義也。」

（鹽鐵論論鄒篇第五十三大夫曰）

所以爲了維護國家聲威要征伐不服：

「匈奴以虛名市於漢而實不從，數爲蠻、貊所紿，不痛之何故也？高皇帝仗劍定九州，今以九州而不行於匈奴。閭里常民，尙有梟散，況萬里之主與小國之匈奴乎？夫以天下之力勤何不權？以天下之士民何不服？今有帝名而威不信長城，反賂遺而尙踞敖，此五帝所不忍，三王所畢怒也。」（鹽鐵論結和篇第四十三大夫曰）

爲了身爲天下之主，安集萬民，也要征伐不臣：

「天子者，天下之父母也。四方之衆，其義莫不願爲臣妾。然猶脩城郭，設關梁，厲武士，備衞於宮室，所以遠折難而備萬方者也。」（鹽鐵論備胡篇第三十八大夫曰）

這種爭取榮譽、樹立國威的想法，在久受屈辱之後，是很容易產生的。賈誼在漢文帝時已經認爲漢朝對匈奴的態度太過於委屈求全，他估計匈奴的人口不過相當於漢朝的一大縣，而漢朝却處處受制於人，爲此頗覺羞恥。他說：

「天下之埶方倒縣，凡天子者，天下之首，何也？上也。蠻夷者，天下之足，何也？下也。今匈奴嫚侮侵掠，至不敬也。爲天下患，至亡已也。而漢歲致金絮采繒㠯奉之，夷狄徵令，是主上之操也。天子共貢，是臣下之禮也。足反居上，首顧居下，倒縣如此，莫之能解，猶爲國有人乎？……陛下何忍吕帝皇之號爲戎人諸侯，埶既卑辱，而旤不息，長此安窮，進謀者率吕爲是，固不可解也，亡具甚矣。」（漢書賈誼傳卷第四十八）

武帝時主戰的王恢，更認爲匈奴的侵盜不止，正是因爲他們對漢朝根本不曾懷有畏懼之心。所以對付匈奴的最好的辦法，就是以威服之。衞青伐匈奴，獲勝，築朔方城，漢武帝很得意的說：

「匈奴逆天理，亂人倫，暴長虐老，吕盜竊爲務，行詐諸蠻夷，造謀籍兵，數爲邊害。故興師遣將，吕征厥罪。詩不云乎：『薄伐獫狁，至于太原。』『出車彭彭，城彼朔方。』」（漢書衞青霍去病傳卷第五十五）

在武帝看來，大漢天威算是重振了，數代屈辱，可謂洗雪了。

第三節　立萬世根基

「伯翳之始封秦，地爲七十里。穆公開霸，孝公廣業。自卑至上，自小至大。故先祖基之，子孫成之。軒轅戰涿鹿，殺兩皞、蚩尤而爲帝。湯武伐夏商，誅桀紂而爲王。黃帝以戰成功，湯武以伐成孝。故手足之勤，腹腸之養也。當世之務，後世之利也。今四夷內侵，不攘，萬世必有此長患。先帝興義兵以誅暴强，東滅朝鮮，西定冉、駹，南擒百越，北挫强胡。李牧追匈奴以廣北州，湯武之舉，蚩尤之兵也。故聖主斥地，非私其利，用兵，非徒奮怒也，所以匡難辟

害，以爲黎民遠慮。」（鹽鐵論結和篇第四十三大夫曰）

「順風而呼者易爲氣，因時而行者易爲力。文武懷餘力不爲後嗣計，故三世而德衰。昭王南征，死而不還。凡伯囚執而使不通，晉取郊、沛，王師敗於茅戎。今西南諸夷，楚莊之後，朝鮮之王，燕之亡民也。南越尉佗起中國，自立爲王，德至薄，然皆亡天下之大，各自以爲一州，倔强倨敖，自稱老夫。先帝爲萬世度，恐有冀州之累、南荊之患，於是遣左將軍樓船平之。兵不血刃，咸爲縣官也。」（鹽鐵論論功篇第五十二大夫曰）

這是政府官員提出的另一重要原因，即「當世之務，後世之利也。今四夷內侵，不攘，萬世必有此長患。」「聖主斥地，非私其利，用兵，非徒奮怒也，所以匡難辟害，以爲黎民遠慮。」（均見前引）「先帝爲萬世度」（鹽鐵論論功篇第五十二大夫曰）。

爲了長治久安，根本解決之道，只有徹底的打垮他們。戰爭難免人力的傷亡和物力的損耗，但是在考慮到維護全民的利益、重振國家的聲威和奠定後世太平的基礎等問題時，那些傷亡和損耗，被認爲是值得的、必要的。政府官員在這方面做了明確的肯定：

「中國與邊境，猶支體與腹心也。夫肌膚寒於外，腹腸疾於內，內外之相勞，非相爲助也？唇亡則齒寒，支體傷而心憯怛。故無手足則支體廢，無邊境則內國害。……今匈奴蠶食內侵，遠者不離其苦，獨邊境蒙其敗。詩云：『憂心慘慘，念國之爲虐。』不征備，則暴害不息。故先帝興義兵以征厥罪，遂破祁連、天山，散其聚黨，北略至龍城，大圍匈奴，單于失魂，僅以身兎，乘奔逐北，斬首捕虜十餘萬。控弦之民，旃裘之長，莫不沮膽，挫折遠遁，遂乃振旅。渾耶率其衆以降，置五屬國以距胡。則長城之內，河山之外，罕被寇蓄。於是下詔令，滅戍漕，寬徭役。初雖勞苦，卒獲其慶。」（鹽鐵論誅秦篇第四十四大夫曰）

北方的邊患，歷史悠久。周朝時爲患已深，有「靡室靡家，獫允之故」（詩小雅采薇）的詩歌。宣王在位，大伐夷狄，號稱中興。西周末年，犬戎竟攻殺周幽王。管仲輔佐齊桓公，尊王攘夷，孔子讚美說：「微管仲，吾其被髮左衽矣。」（論語憲問篇）以秦始皇之强，也僅能命蒙恬北築長城，採取守勢。漢初，因爲天下初定，士卒疲於兵革，民心厭惡戰爭，國力也尙未復原，不得已而採取守勢，用和親之計以緩兵。經過文、景兩世的與民休息，到武帝時國力已足，才敢放手一搏，上洗歷代屈辱之恥，下開萬世太平之基。西漢一代主張用兵的人，都抱持這種看法，認爲伐匈奴是必要的，是有成效的，更是不得不如此的。漢武帝就曾告訴衞靑說：「漢家庶事草創，加四夷侵陵中國，朕不變更制度，後世無法；不出師征伐，天下不安；爲此者不得不勞民。」（資治通鑑卷二十二，武帝征和二年。）

第四節　好戰者啓釁滋事

政府官員們振振有辭，却不被賢良文學這些民間知識分子所接受。對於現實存在的邊患，賢良文學們所抱持的態度是原則性的。他們所嚴守與堅持的原則是：以德服遠，反對武力征伐。

匈奴侵略邊境，他們認爲擊之則如鳥獸四散，無實效，不如行仁政。仁者是無敵的，不必戰而遠人自服。至於對外表現上國聲威，對內安集百姓，也認爲君王有道則遠近歸之，內外咸服。不以德服人而用兵於外，徒招內亂而已。鄒衍大九州之說，則譏之爲怪說，只能迷惑六國之君，無益於治。並以秦欲并兼瀛海而反失其州縣爲例，證明鄒氏之說確實有害於國家。談到討伐四夷以求萬世之利時，仍是强調仁政與德治，一再以周積德而蠻貊自至，秦任戰而終亡其國爲說。

由於對漢武帝的顧忌，不便直接指陳其過失，賢良文學們便把引發戰爭的責任，推在政府官員的身上。賢良說：

「匈奴處沙漠之中，生不食之地，天所賤而棄之。無壇宇之居，男女之別，以廣野爲閭里，以穹廬爲家室。衣皮蒙毛，食肉飲血，會市行牧豎居，如中國之麋鹿耳。好事之臣求其義，責之禮，使中國干戈至今未息，萬里設備。此兔罝之所刺，故小人非公侯腹心干城也。」（鹽鐵論備胡篇第三十八）

文學說：

「秦之用兵，可謂極矣，蒙恬斥境，可謂遠矣。今踰蒙恬之塞，立郡縣寇虜之地，地彌遠而民滋勞。朔方以西，長安以北，新郡之功，外城之費，不可勝計。非徒是也，司馬、唐蒙鑿西南夷之塗，巴、蜀弊於邛、筰；橫海征南夷，樓船戍東越，荆、楚罷於甌、駱；左將伐朝鮮，開臨屯，燕、齊困於穢、貉；張騫通殊遠，納無用，府庫之藏流於外國；非特斗辟之費，造陽之

役也。由此觀之，非人主用心，好事之臣爲縣官計過也。」（鹽鐵論地廣篇第十六）

這些好事之臣，爲求利而生事，以致荼毒了百姓。所以批評他們說的話是「權使之謀」（鹽鐵論論功篇第五十二），做的事是「尙首功之事」（同上），是一羣「席天下之勢，奮國家之用，身享其利而不顧其主」（同上）的人。

賢良文學們口中的好事之臣，很明顯指的是當時的御史大夫桑弘羊。事實上，桑弘羊是武帝征伐四夷，弄得天下疲敝以後，才被起用整頓財經的。在地廣篇中文學們提到的好事之臣有：司馬（司馬相如）、唐蒙、横海（横海將軍韓說）、樓船（樓船將軍楊僕）、左將（左將軍荀彘）和張騫等人。唯獨對屢次討伐「朔方以西，長安以北，新郡之功，外城之費，不可勝計」（鹽鐵論地廣篇第十六）的衞青、霍去病之流，既不提名姓，也不說官職。鹽鐵論全書中，並未出現衞霍之名，這顯然是顧慮霍光當時的權勢。於是衞霍成了拓邊英雄，而其他人則成了好事之臣。

賢良文學們的這種看法，在漢武帝當時，嚴安已經提出。嚴安上書武帝，卽强調禮教爲治國根本。秦用苛法於內，北伐匈奴於外，終而內外交困，亡其天下。對當時的用兵於四夷，表示不贊成，而歸罪於大臣的逞欲貪利，並非國家之福。他說：

「今徇南夷、朝夜郎、降羌僰、略薉州、建城邑，深入匈奴，燔其龍城，議者美之。此人臣之利，非天下之長策也。今中國無狗吠之警，而外累於遠方之備，靡敝國家，非所目子民也。行無窮之欲，甘心快意，結怨於匈奴，非所目安邊也。禍拏而不解，兵休而復起，近者愁苦，遠者驚駭，非所㠯持久也。今天下鍛甲摩劍，矯箭控弦，轉輸軍糧，未見休時，此天下所共憂也。」

（漢書嚴朱吾丘主父徐嚴終王賈傳卷第六十四下）

司馬遷也認爲武帝時有些大臣爲一己的權寵而妄議征伐，因而感慨朝廷選擇將相的重要。司馬遷說：

「世俗之言匈奴者，患其徼一時之權，而務讇納其說以便偏指，不參彼己。將率席中國廣大、氣奮，人主因以決策，是以建功不深。堯雖賢，興事業不成，得禹而九州寧。且欲興聖統，唯在擇任將相哉，唯在擇任將相哉！」（史記匈奴列傳卷第一百一十）

第二章　德化與用武的爭論

第一節　兵凶戰危

基於事實的需要，政府官員認爲征伐四夷，勢在必行，而且容易成功，因爲對方文化水準不高：

「匈奴無城廓之守，溝池之固，脩戟强弩之用，倉廩府庫之積，上無義法，下無文理，君臣嫚易，上下無禮。織柳爲室，旃廗爲蓋。素弧骨鏃，馬不粟食。內則備不足畏，外則禮不足稱。夫中國，天下腹心，賢士之所總，禮義之所集，財用之所殖也。夫以智謀愚，以義伐不義，若因秋霜而振落葉。春秋曰：『桓公之與戎、狄，驅之爾。』況以天下之力乎！」（鹽鐵論論功篇第五十二大夫曰）

此其一。四夷的實力，也不如中國强大雄厚：

「今西南諸夷，楚莊之後；朝鮮之王，燕之亡民也。南越尉佗起中國，自立爲王，德至薄，然皆亡（古通忘字）天下之大，各自以爲一州，倔强倨敖，自稱老夫。先帝爲萬世度，恐有冀州之累，南荆之患，於是遣左將軍樓船平之。兵不血刃，咸爲縣官也。……今匈奴不當漢家之巨

郡，非有六國之用，賢士之謀。由此觀難易，察然可見也。」（同上）

此其二。政府官員以爲，只要朝廷內外同心一力，成功是必然的。

賢良文學們却持相反的看法，首先他們認爲匈奴的習性與中國不同，取勝困難。文學說：

「（匈奴）事省而致用，易成而難弊。雖無脩戟强弩，戎馬良弓，家有其備，人有其用，一旦有急，貫弓上馬而已。資糧不見案首，而支數十日之食，因山谷爲城郭，因水草爲倉廩。法約而易辨，求寡而易供。是以刑省而不犯，指麾而令從。嫚於禮而篤於信，略於文而敏於事。故雖無禮義之書，刻骨卷木，百官有以相記，而君臣上下有以相使。羣臣爲縣官計者，皆言其易而實難。是以秦欲驅之而反更亡也。故兵者凶器，不可輕用也。其以强爲弱，以存爲亡，一朝爾也。」（鹽鐵論論功篇第五十二）

這是說匈奴行動快速，習於武事。賢良說：

「今百姓所以囂囂，中外不寧者，咎在匈奴。內無室宇之守，外無田疇之積，隨美草甘水而驅牧；匈奴不變業，而中國以騷動矣。風合而雲解，就之則亡，擊之則散，未可一世而舉也。……

「匈奴之地廣大，而戎馬之足輕利，其勢易騷動也。利則虎曳，病則鳥折，辟鋒銳而牧罷極。少發則不足以更適，多發則民不堪其役。役煩則力罷，用多則財乏。二者不息，則民遺怨。」

（鹽鐵論備胡篇第三十八）

又說：

「今匈奴牧於無窮之澤，東西南北，不可窮極，雖輕車利馬不能得也，況負重羸兵以求之乎！其勢不相及也，茫茫乎若行九皐，未知所止；皓皓乎若無網羅而漁江海；雖及之，三軍罷弊，適遺之餌也。」（鹽鐵論西域篇第四十六）

這是說匈奴逐水草而居，行無定止，機動而靈活，中國遠征則轉運困難，後繼乏力，不易成功。在上述種種不利的條件下，朝廷是不適宜於輕舉妄動，以武力來解決問題。這種因國情不同而影響作戰的困擾，在武帝大舉用兵以前，韓安國就曾一再强調。韓安國說：

「且匈奴，輕疾悍亟之兵也。至如猋風，去如收電。畜牧爲業，弧弓射獵，逐獸隨草，居無常處，難得而制。……今將卷甲輕舉，深入長敺，難已爲功。從行則迫脅，衡行則中絕。疾則糧乏，不至千里，人馬乏食。」（漢書竇田灌韓傳卷第五十二）

種種條件如此不利，朝廷却屢次大動干戈，兵凶戰危，果然弄得民窮財盡，得不償失。文學們再三的說：

「其後師旅數發，戎馬不足，牸牝入陣，故駒犢生於戰地。畜不育於家，五穀不殖於野，民不足於糟糠，何橘柚之所厭？傳曰：『大軍之後，累世不復。』方今郡國田野有隴而不墾，城郭有宇而不實，邊郡何饒之有乎？」（鹽鐵論未通篇第十五）

「往者，兵革亟動，師旅數起，長城之北，旋車遺鏃相望。及李廣利等輕計，計還馬足，莫不寒心，雖得渾耶，不能更所亡。此非社稷之至計也。」（鹽鐵論誅秦篇第四十四）

「自是之後，退文任武，苦師勞衆，以略無用之地。立郡沙石之間，民不能自守，發屯乘城，輓輦而贍之。愚竊見其亡，不覩其成。」（鹽鐵論結和篇第四十三）

漢朝所失的是甚麼？是安定富足，更是天下的人心。賢良說：

「今山東之戎馬甲士戍邊郡者，絕殊遼遠，身在胡、越，心懷老母。老母垂泣，室婦悲恨，推其飢渴，念其寒苦。……德惠甚厚，而吏未稱奉職承詔以存恤，或侵侮士卒，與之爲市，幷力兼作，使之不以理。故士卒失職，而老母妻子感恨也。」（鹽鐵論備胡篇第三十八）

文學也說：

「今中國爲一統，而方內不安，徭役遠而外內煩也。古者無過年之繇，無踰時之役。今近者數千里，遠者過萬里，歷二期。長子不還，父母愁憂，妻子詠歎。憤懣之恨發動於心，慕思之積痛於骨髓。此杕杜、采薇之所爲作也。」（鹽鐵論繇役篇第四十九）

這些話等於是否定了武帝時代的所有戰功。四夷交侵，不戰又當如何？賢良文學提出了他們最堅強有力的說法與作法，就是仁政無敵於天下。

第二節　仁政無敵

對匈奴既然不主張用武力征伐，則又應如何應付？高帝當年決定用劉敬的「和親」辦法，是因爲：

一則天下初定，士民疲於兵革，不能以武力服之；再則冒頓單于殺父代立，妻羣母，以力爲威，不可能以仁義說服之。嫁女和親的辦法，是希望女婿不打岳父之外，將來的外孫能心向外祖。這是建立親戚關係，用感情來羈縻的方法。

武帝時反對用兵的人，認爲匈奴不講仁義，也不便力敵，所以仍主張和親。但是昭帝時徵召來的賢良文學們，不但反對武力征伐，也未見其贊成和親之策。他們明知匈奴不仁不義，不服王化，卻仍一再强調以德義仁政去感化匈奴。文學們說：

「春秋『王者無敵』，言其仁厚，其德美，天下賓服，莫敢交也。德行延及方外，舟車所臻，足迹所及，莫不被澤。蠻、貊異國，重譯自至。方此之時，天下和同，君臣一德，外內相信，上下輯睦。兵設而不試，干戈閉藏而不用。老子曰：『兕無所用其角，螫蟲無所輸其毒。』故君仁莫不仁，君義莫不義。世安得跖、蹻而親之乎？……

「誠信著乎天下，醇德流乎四海，則近者哥謳而樂之，遠者執禽而朝之。故正近者不以威，來遠者不以武，德義修而任賢良也。故民之於事，辟佚而就勞，於財也，辭多而就寡。上下交讓，道路鴈行。方此之時，賤貨而貴德，重義而輕利，賞之不竊，何寶之守也！」（鹽鐵論世務篇第四十七）

文學們又說：

「孔子曰：『有國有家者，不患寡而患不均，不患貧而患不安。』故天子不言多少，諸侯不言利害，大夫不言得喪。畜仁義以風之，廣德行以懷之。是以近者親附而遠者悅服。故善克者不戰，善戰者不師，善師者不陣。修之於廟堂，而折衝還師。王者行仁政，無敵於天下，惡用費哉？……

「古者貴以德而賤用兵。孔子曰：『遠人不服，則修文德以來之。既來之，則安之。』今廢道德而任兵革，興師而伐之，屯戍而備之，暴兵露師以支久長，轉輸糧食無已，使邊境之士飢寒於外，百姓勞苦於內。」（鹽鐵論本議篇第一）

君王修德義，重文事，誠信而仁厚，以爲天下表率，則近者謳歌遠者來歸。仁政可以使普天之下、四海之內，莫不賓服，何必用武？當「天下和同，君臣一德，外內相信，上下輯睦」（鹽鐵論世務篇第四十七文學曰）的時候，可以消弭邊患於無形。外無邊患，則內無隱憂；內無隱憂則社會安定、百姓樂業。所以當時（漢昭帝）的國內民生問題，因鹽鐵等新措施而起；鹽鐵等新措施，又因武力開邊而起；武力開邊則由於朝廷未能運用修文德以來遠人的政策而起。歸根究底，國家的政策，應該是貴德而賤力，重義而輕利。

賢良文學們更爲此特別舉齊桓公爲例，說明賤德貴力者先勝後衰的道理。這是遠的教訓：

「昔齊桓公內附百姓，外綏諸侯，存亡接絕，而天下從風。其後德虧行衰，葵丘之會，振而矜之，叛者九國。春秋刺其不崇德而崇力也。」（鹽鐵論世務篇第四十七文學曰）

近的事例則是秦亡漢興的史實，卽在秦以力征經營而不以德，終而失天下。文學說：

「秦攝利銜以御宇內，執修箠以笞八極，驂服以罷，而鞭策愈加，故有傾銜遺箠之變。士民非不衆，力勤非不多也。皆內倍外附而莫爲用。此高皇帝所以仗劍而取天下也。夫兩主好合，內外交通，天下安寧，世世無患，士民何事，三王何怒焉？」（鹽鐵論結和篇第四十三）

基於以上的道理和事實，賢良文學認爲政府官員未能善盡職責，不但沒有富强中國，反而困苦了百姓。於是對代表政府官員，主持財經大政的御史大夫桑弘羊，做了嚴厲的批評：

「前君爲先帝畫匈奴之策，兵據西域，奪之便勢之地以候其變。以漢之强，攻於匈奴之衆，若以强弩潰癰疽，越之禽吳，豈足道哉？上以爲然。用君之義，聽君之計，雖越王之任種、蠡不過。以搜粟都尉爲御史大夫，持政十有餘年，未見種、蠡之功，而見靡弊之効，匈奴不爲加俛，而百姓黎民以敝矣。是君之策不能弱匈奴，而反衰中國也。善爲計者，固若此乎？」（鹽鐵論伐功篇第四十五文學曰）

第三節　兵威不義

仁政固然必要，但是武備不能不有，賢良文學一再强調仁政的功用，却忽略了武備的重要性。政府官員對此不滿之外，更强調行仁政對某些人是無用的。何況朝廷的征伐四夷，尤其是匈奴，是先文後武，先德後威的，並非一開始遭遇邊患卽冒然使用武力。事實上武力是一再忍讓無效之後，才採用的不得已辦法。御史大夫說：

「漢興以來，修好，結和親，所聘遺單于者甚厚。然不紀重質厚賂之故，改節而暴害滋甚。先帝覩其可以武折而不可以德懷，故廣將帥，招奮擊，以誅厥罪。功勳粲然，著於海內，藏於記府。」（鹽鐵論結和篇第四十三）

又說：

「匈奴數和親，而常先犯約，貪侵盜驅，長詐謀之國也。反復無信，百約百叛，若朱、象之不移，商均之不化。而欲信其用兵之備，親之以德，亦難矣。」（鹽鐵論和親篇第四十八）

漢朝對待匈奴不薄，匈奴既然不爲所動，不服王化，對方既然「率不過數歲卽背約」（漢書竇田灌韓傳卷第五十二王恢語），漢朝則必須改弦易轍，否則徒招欺侮。御史大夫說：

「布心腹，質情素，信誠內感，義形乎色。……今匈奴挾不信之心，懷不測之詐，見利如前，乘便而起，潛進市側，以襲無備。是猶措重寶於道路而莫之守也。求其不亡，何可得乎？」（鹽鐵論世務篇第四十七）

在此不得已的情形下，應該採用更有效的措施。一則要加强防衞，保護自己，不能聽其胡作非爲：

「關梁者邦國之固，而山川社稷之寶也。徐人滅舒，春秋謂之取，惡其無備，得物之易也。故恤來兵，仁傷刑。君子爲國，必有不可犯之難。易曰：『重門擊拓，以待暴客。』言備之素脩也。」（鹽鐵論險固篇第五十大夫曰）

「鄙語曰：『賢者容不辱。』以世俗言之，鄉曲有桀，人尚辟之。今明天子在上，匈奴公為寇，侵擾邊境，是仁義犯而藜藿不採。昔狄人侵太王，匡人畏孔子，故不仁者，仁之賊也。是以縣官厲武以討不義，設機械以備不仁。」（鹽鐵論備胡篇第三十八大夫曰）

再則要進一步使用武力，征伐不義的匈奴，以徹底解決問題。御史大夫說：

「古者，明王討暴衞弱，定傾扶危，則小國之君悅。討暴定傾，則無罪之人附。今不征伐則暴害不息，不備則是以黎民委敵也。春秋貶諸侯之後，刺不卒戍。行役戍備，自古有之，非獨今也。」（同上）

至於臣服匈奴的策略，賈誼所提「叧臣為屬國之官以主匈奴」（漢書賈誼傳卷第四十八）的辦法，中國有無此種人才，匈奴之是否肯為漢之臣，都是未可知之數。這一辦法，未免一廂情願。而「建三表設五餌，以此與單于爭其民，則下匈奴猶振槁也」（賈誼新書卷第四匈奴）的構想，也只是以漢的富厚，引誘匈奴的人民，先牽其耳、目、口、腹之欲，再誘惑其心，使脫離單于而歸漢。以匈奴與漢人生活習性的大異其趣來看，漢朝付出的代價大而未必有效果。

晁錯則曾建議文帝伐匈奴的方略，首在愼擇良將。他說：「兵法曰：『有必勝之將，無必勝之民。』繇此觀之，安邊境、立功名，在於良將，不可不擇也。」（漢書爰盎晁錯傳卷第四十九）他又分析敵我戰技長短優劣，認為匈奴有三項長技，中國則有五項長技，於是建議文帝應付匈奴的萬全之術是以夷制夷加上漢之軍力，相輔相成。晁錯說：

「今降胡義渠蠻夷之屬來歸誼者，其衆數千，飲食長技與匈奴同，可賜之堅甲絮衣，勁弓利矢。益目邊郡之良騎，令明將能知其習俗和輯其心者，目陛下之明約將之。卽有險阻，目此當之；平地通道，則目輕車材官制之。兩軍相爲表裏，各用其長技，衡加之目衆，此萬全之術也。」（同上）

政府官員在伐匈奴的戰略與戰術方面並無特別的方法，於是他們只站在檢討過去失敗經驗的立場上發言。一條路走不通，則必須另換一條可通之路，或是打通死路。他們的着眼點在實際的效果上，因此對匈奴那種不義的夷狄，認爲只有威之以武力，服之以甲兵。彼既不能服之以德，只有令其畏我之威。御史大夫說：「力多則人朝，力寡則朝於人。」（鹽鐵論誅秦篇第四十四）正是和賢良文學們在觀念上最大的差異。

此外，政府官員們在面對外患時，是採取一種「攻勢」的觀念，强調「有備則制人，無備則制於人」（鹽鐵論險固篇第五十）。大夫說：

「虎兕所以能執熊羆、服羣獸者，爪牙利而攫便也。秦所以超諸侯、吞天下、幷敵國者，險阻固而勢居然也。故龜猖有介，狐貉不能禽；蝮蛇有螫，人忌而不輕。故有備則制人，無備則制於人。故仲山甫補衮職之闕，蒙公築長城之固，所以備寇難而折衝萬里之外也。今不固其外，欲安其內，猶家人不堅垣牆，狗吠夜驚而闇昧妄行也。」（同上）

國之不能無備，猶如獸之不能無爪牙鱗介。有備才足以消極的自保，才足以不受制於人，積極的則可以制人、攻人以求安。

反觀文學們的態度，則是採取「守勢」的立場，溫和的態度，認爲「地利不如人和，武力不如文德。」（鹽鐵論險固篇第五十）他們說：

「所謂金城者，非謂築壤而高土，鑿地而深池也。所謂利兵者，非謂吳越之鋌，干將之劍也。言以道德爲城，以仁義爲郭，莫之敢攻，莫之敢入，文王是也。以道德爲軸，以仁義爲劍，莫之敢當，莫之敢御（王利器校：御覽三四三引「御」作「禦」。），湯武是也。」（鹽鐵論論勇篇第五十一）

道德、仁義與武備，性質不同，所用亦異。完全强調武力的可以服人，或道德仁義的可以爲城郭，都是不客觀的看法。但是由於雙方觀念的不同，於是對是否繼續對外用兵，勢必又是一番爭論。

第三章　和與戰的抉擇

第一節　再接再厲

漢武帝對閩越、西南夷、朝鮮等處用兵，都獲得頗爲滿意的成就。對匈奴的戰爭，時間最長，次數最多，耗費最大，戰果也極輝煌，但是問題並沒有徹底解決。名將的凋零、國力的消耗、武帝的心境，各方面的因素，使得武帝晚年對匈奴的用兵趨向緩和。昭帝並非雄才大略的君主，專權的霍光也非將帥之才，雖然小規模的攻戰仍時斷時續，但是當時的國力却未必能夠再支持幾次像武帝時那麼大規模的遠征了。

戰爭所消耗的人力物力極大，而征伐匈奴，更是天時、地利、人和都不理想，付出的代價必然更爲龐大。漢武帝時主父偃即曾以秦伐匈奴所付出的代價爲例，上書勸說止兵休戰，他說：

「遂使蒙恬將兵而攻胡，卻地千里，以河爲境。地固澤鹵，不生五穀。然後發天下丁男以守北河，暴兵露師十有餘年，死者不可勝數，終不能踰河而北，是豈人衆之不足，兵革之不備哉，其埶不可也。又使天下飛芻輓粟，起於黃腄琅邪負海之郡，轉輸北河，率三十鍾而致一石。男子疾耕不足於糧餉，女子紡績不足於帷幕，百姓靡敝，孤寡老弱不能相養，道死者相望，蓋天下始叛也。」（漢書嚴朱吾丘主父徐嚴終王賈傳卷第六十四上）

戰爭的耗費雖大，但是對善於理財的御史大夫桑弘羊來說，似乎不是困擾，所以他認爲匈奴已在崩潰邊緣，漢朝只要咬緊牙關，再努力一下，徹底解決匈奴的邊患，是指日可待的。否則功虧一簣，必將遺患後世。御史大夫說：

「匈奴壤界獸圈，孤弱無與，此困亡之時也。遼遠不遂，使得復喘息，休養士馬，負給西域。西域迫近胡寇，沮心內解，必爲巨患。是以主上欲掃除，煩倉廩之費也。終日逐禽，罷而釋之，則非計也。蓋舜紹緒，禹成功。今欲以小舉擊之，何如？……語曰：『見機不遂者隕功』，一日違敵，累世爲患。休勞用供，因弊乘時。帝王之道，聖賢之所不能失也。功業有緒，惡勞而不卒，猶耕者勌休而困止也。夫事輟者無功，耕怠者無獲也。」（鹽鐵論擊之篇第四十二）

賢良文學認爲御史大夫所說的，是「守小節而遺大體，抱小利而忘大利」（鹽鐵論復古篇第六）的想法，是「留心於末計，雖（張敦仁校當作摧）本議，不順上意，未爲盡於忠」（鹽鐵論西域篇第四十六）的行爲。御史大夫爲此辯說：

「匈奴失魄，奔走遁逃，雖未盡服，遠處寒苦墝埆之地。壯者死於祁連、天山，其孤未復。故羣臣議以爲匈奴困於漢兵，折翅傷翼，可遂擊服。會先帝棄羣臣，以故匈奴不革。譬如爲山，未成一簣而止。度功業而無斷成之理，是棄與胡而資強敵也。輟幾沮成，爲主計若斯，亦未可

謂盡忠也。」（同上）

總之，在御史大夫看來，繼續對匈奴用兵，是可行的，而且是必要的。而他的這種想法與做法，爲的正是國家的萬世大利，也正是盡忠君國的行爲。

事實上昭帝時，並未放鬆對匈奴的防禦，在始元二年冬天，就曾戍邊屯田，「發習戰射士詣朔方，調故吏將屯田張掖郡。」（漢書昭帝紀卷第七）後來匈奴曾攻入代郡，殺都尉。始元六年，議罷鹽鐵酒榷，兼及是否繼續對匈奴用兵的問題。元鳳元年桑弘羊死。匈奴有意和親，但也曾多次發兵入寇，可是都被漢兵打敗，主要是「漢邊郡熢火候望精明」（漢書匈奴傳卷第九十四上）。霍光更曾利用匈奴攻烏桓的機會，派范明友爲度遼將軍，率二萬騎出遼東，想要邀擊匈奴，結果匈奴聞訊，引兵而去。可見昭帝時對匈奴的戒心未滅，而且仍有意討伐匈奴，祇是無力大舉出兵而已。

第二節　安集百姓

反對征伐匈奴的人，反對的理由不外兩項主要的考慮：一是耗費過高，代價太大；二是卽使戰勝，並無實質利益可得。武帝時韓安國就說：

「得其地不足爲廣，有其衆不足爲彊。……利不十者不易業，功不百者不變常。……且自三代之盛，夷狄不與正朔服色，非威不能制，彊弗能服也。曰爲遠方絕地不牧之民，不足煩中國也。」

（漢書竇田灌韓傳卷第五十二）

主父偃也引用李斯諫秦始皇伐匈奴的話力勸漢武帝息兵，所謂「夫匈奴無城郭之居，委積之守，遷徙鳥舉，難得而制。輕兵深入，糧食必絕，運糧㠯行，重不及事。得其地，不足㠯爲利；得其民，不可調而守也。勝必棄之，非民父母，靡敝中國，甘心匈奴，非完計也。」（漢書嚴朱吾丘主父徐嚴終王賈傳卷第六十四）

況且「數戰則民勞，久師則兵弊」（鹽鐵論復古篇第六文學曰），昭帝當時的社會狀況就是一幅戰後蕭條景象：

「當此時，百姓元元，莫必其命。故山東豪傑，頗有異心。賴先帝聖靈斐然，其咎皆在於欲畢匈奴而遠幾也。」（鹽鐵論西域篇第四十六文學曰）

「其後保胡、越，通四夷，費用不足。於是興利害，算車舡，以訾助邊，贖罪告緡，與人以患矣。甲士死於軍旅，中士罷於轉漕，仍之以科適，吏徵發極矣。夫勞而息之，極而反本，古之道也。雖舜、禹興，不能易也。」（鹽鐵論擊之篇第四十二文學曰）

「勞而息之，極而反本」（同上）的呼聲大起，可以說是物極必反，勢所必至。於是偃武休兵，改變政策的建議，被目睹民生疾苦的賢良文學們正式提出。他們說：

「明王知其所無利，以爲役不可數行，而權不可久張也，故詔公卿大夫、賢良、文學、所以復枉興微之路。公卿宜思百姓之急，匈奴之害，緣聖主之心，定安平之業。」（鹽鐵論西域篇第

四十六文學曰）

「孝武皇帝攘九夷，平百越，師旅數起，糧食不足。故立田官，置錢，入穀射官，救急贍不給。今陛下繼大功之勤，養勞倦之民，此用麋鬻之時。公卿宜思所以安集百姓，致利除害，輔明主以仁義，修潤洪業之道。」（鹽鐵論復古篇第六文學曰）

事實上既有此必要，當時朝廷也大致規劃出了今後可能的施政方針，所以賢良文學們要求政府官員應上體天心，下恤民命，立即「偃兵休士，厚幣結和，親修文德」（鹽鐵論擊之篇第四十二文學曰）並且「減除不急之官，省罷機利之人」（鹽鐵論復古篇第六文學曰），革除那些不利於民的歛財措施。

政府官員則認爲，爲人子與爲人臣者，不應當妄改先父先君之道，更何況先父先君之道是對的、是必要的。御史大夫說：

「吾聞爲人臣者盡忠以順職，爲人子者致孝以承業。君有非則臣覆蓋之，父有非則子匿逃之。故君薨，臣不變君之政；父沒，則子不改父之道也。春秋譏毀泉臺，爲其隳先祖之所爲而揚君父之惡也。今鹽、鐵、均輸，所從來久矣，而欲罷之，得無害先帝之功而妨聖主之德乎？有司倚於忠孝之路，是道殊而不同於文學之謀也。」（鹽鐵論憂邊篇第十二）

文學却認爲在觀念上應當「明者因時而變，知者隨世而制。……故聖人上賢不離古，順俗而不偏宜。」（同上）因此當前爲國爲民都應該「加之以德，施之以惠，北夷必內向，款塞自至。」（同上）

結　語

中國的邊患，北方最烈。以秦之强，也不過使蒙恬北築長城，採取守勢而已。漢興之初，匈奴强大，不得已而和親，由高祖至武帝初，垂六十餘年。其間朝廷的忍氣呑聲，邊民的顚沛流離，斑斑在目。

賢良文學面對這種外患，所一再强調的解決辦法，仍是當年和親時的那一套說辭，只是較以前更冠冕堂皇了。他們說：

「去武行文，廢力尙德，罷關梁，除障塞，以仁義導之，則北垂無寇虜之憂，中國無干戈之事矣。」（鹽鐵論世務篇第四十七文學曰）

「在德不在固。誠以行義爲阻，道德爲塞，賢人爲兵，聖人爲守，則莫能入。如此則中國無狗吠之警，而邊境無鹿駭狼顧之憂矣。」（鹽鐵論險固篇第五十文學曰）

他們認爲只要朝廷修德，「普天之下，惟人面之倫，莫不引領而歸其義。」（鹽鐵論繇役篇第四十九文學曰）只要以誠心待人，就「未聞善往而有惡來者。故君子敬而無失，與人恭而有禮，四海之內皆爲兄弟也。故內省不疚，夫何憂何懼。」（鹽鐵論和親篇第四十八文學曰）

這種觀念是正確的，却未必絕對有用。政府官員批評這是「知文而不知武，知一而不知二」（鹽鐵論和親篇第四十八大夫曰）的主觀想法。其做法也被認爲是行不通的，「有誠信之心，不知權變，危亡之道也。」（鹽鐵論世務篇第四十七大夫曰）政府官員强調的是文事武備不可偏廢。因爲自古以來，「聖主循性而化，有不從者，亦將舉兵而征之。是以湯誅葛伯，文王誅犬夷。……自古明王不能無征伐而服不義，不能無城壘而禦强暴也。」（鹽鐵論繇役篇第四十九大夫曰）何況匈奴爲患之烈，已成漢朝心腹之疾，「譬若木之有蠹，如人有疾，不治則寖以深。」（鹽鐵論世務篇第四十七大夫曰）對這種不仁不義的匈奴，不能不加以防備，甚而給予制裁。御史大夫說：

「君子篤仁以行，然必築城以自守，設械以自備，爲不仁者之害已也。是以古者蒐獮振旅而數軍實焉，恐民之愉佚而亡戒難。故兵革者國之用，城壘者國之固也；而欲罷之，是去表見裏，示匈奴心腹也。匈奴輕舉潛進，以襲空虛，是猶不介而當矢石之蹊，禍必不振。此邊境之所懼，而有司之所憂也。」（鹽鐵論和親篇第四十八）

政府官員的這套說辭和作法，自然不被賢良文學所接受。但是賢良文學們對匈奴的侵擾寇邊，除了說些治本理論上的話外，並無實際解決燃眉之急的善策。武帝時，匈奴求和親，大臣會商對策，博士狄山主張和親，理由是：

「兵凶器，未易數動。高帝欲伐匈奴，大困平城，乃遂結和親。孝惠、高后時，天下安樂。及文帝欲事匈奴，北邊蕭然苦兵。孝景時，吳楚七國反，景帝往來東宮間，天下寒心數月，吳楚已破，竟景帝不言兵，天下富實。今自陛下興兵擊匈奴，中國已空虛，邊大困貧。由是觀之，不

如和親。」（漢書張湯傳卷第五十九）

張湯批評狄山是愚儒，無知。狄山反譏張湯爲詐忠之人。結果是：

「於是上作色曰：『吾使生居一郡，能無使虜入盜乎？』山曰：『不能。』曰：『居一縣？』曰：『不能。』復曰：『居一鄣間？』山自度辯窮且下吏，曰：『能。』迺遣山乘鄣。至，月餘，匈奴斬山頭而去。」（同上）

高論而無實，有愛國之心，而無救國之能，非人自是，周公、孔子復生，恐亦將謂此輩爲腐儒也。

空言高論固然於事無補，連年征戰不休，也必勞民傷財。賢良文學在朝廷屢敗匈奴，匈奴無力再起的時候，倡言休兵養民則可，有意漠視當年外患的嚴重性，以及大事譏諷征伐無用，否定戰功，則不足以服人。政府官員在兵疲民困之餘，也該略事喘息，不必爲維護鹽鐵、均輸等新財經措施，而繼續主戰。總之，在這個問題的爭論中，賢良文學太過於强調理想化的觀念，明知無用，仍堅持到底。而政府官員則又太固執於現實的戰果。言辭間賢良文學動輒以秦開疆拓土，好戰好兵，不務修德而亡國作比喻或例證，明顯的影射漢朝若不立刻改弦更張，則必重蹈覆轍。他們的危言聳聽，以古非今，並未被怪罪或禁止，可見當時的爭論中，讀書人有充分的言論自由，這倒是極可貴的一點。

征伐匈奴的這件事，武帝當時已有人提出異議，昭帝時則有賢良文學們的反對。宣帝卽位，詔丞相、御史商議如何褒揚武帝的功德，當時卽有夏侯勝反對說：

「武帝雖有攘四夷廣土斥境之功，然多殺士衆，竭民財力，奢泰亡度，天下虛耗，百姓流離，物故者過半。蝗蟲大起，赤地數千里，或人民相食，畜積至今未復。亡德澤於民，不宜爲立廟樂。」（漢書眭兩夏侯京翼李傳卷第七十五）

元帝時貢禹也認爲許多問題，都因武帝征伐匈奴而起。舉其大者如：

「古民亡賦算口錢，起於武帝征伐四夷，重賦於民。民產子三歲則出口錢，故民重困，至於生子輒殺，甚可悲痛！」（漢書王貢兩龔鮑傳卷第七十二）

稅捐加重，而且無法避免，此其一。

「今漢家鑄錢，及諸鐵官皆置吏卒徒，攻山取銅鐵，一歲功十萬人已上。中農食七人，是七十萬人常受其飢也。……自五銖錢起已來七十餘年，民坐盜鑄錢被刑者衆。富人積錢滿室，猶亡厭足，民心搖動，商賈求利，東西南北，各用智巧，好衣美食，歲有十二之利，而不出租稅。農夫父子暴露中野，不避寒暑，捽屮杷土，手足胼胝，已奉穀租，又出稾稅，鄉部私求，不可勝供。故民棄本逐末，耕者不能半。貧者雖賜之田，猶賤賣以賈，窮則起爲盜賊。何者？末利深而惑於錢也。是以姦邪不可禁，其原皆起於錢也。」（同上）

國營鹽鐵傷民力，人民趨利而不務農，捨本逐末，此其二。

「武帝始臨天下，尊賢用士，闢地廣境數千里。自見功大威行，遂從耆欲，用度不足。迺行壹切之變，使犯法者贖罪，入穀者補吏。是以天下奢侈，官亂民貧。」（同上）

爲開闢財源而犯法者可以贖罪，入穀者可以補吏，於是官亂民貧，而且違禮犯義，行爲不軌，此其三。

這些經濟與社會問題，追根究底，是起於征伐四夷。

此事對西漢一朝影響之大之深，實非始料所及。只要一有邊患，武帝的征伐就勢必引起爭論。王莽之時，嚴尤更直截的批評武帝征伐匈奴爲下策。他說：

「漢武帝選將練兵，約齎輕糧，深入遠戍，雖有克獲之功，胡輒報之。兵連禍結三十餘年，中國罷耗，匈奴亦創艾，而天下稱武，是爲下策。」（漢書匈奴傳卷第九十四下）

匈奴爲中國之患，伐之有困難，不伐亦不可，雖然和戰雙方都能持之有故，言之成理，但是武帝時的討伐匈奴，是在主客觀條件成熟下的必然抉擇。武帝若能不好大喜功、優遇俘虜、浪費無度，當時的財經狀況應當不致太壞。爲政府籌謀財政的官員，若能注意改革過程中的許多細節，流弊就不會那樣的大，受到的批評也不致如此的激烈了。

第五篇　刑治與德治的論爭

自漢初以來所受到的長期外患侵擾，在漢武帝時因爲主客觀條件與形勢的成熟，遂大舉征伐四夷，以湔雪前恥。連年用兵，雖然在政治與軍事上大有斬獲，但是在財政上却出現了危機。爲解決財政的困難，推行了鹽鐵酒專賣，以及均輸、平準等一連串的改革措施。爲遂行與貫澈這些新措施，反對或不服從新政令的官民，都受到了重罰。由於用刑甚重，而且受刑者極多，於是以丞相車千秋和御史大夫桑弘羊爲代表的政府官員和選拔自郡國與三輔太常的賢良文學們爲刑治與德治優劣輕重的問題，起了一番公開爭議，而且相持不下。

第一章　政府官員主張法刑重要

第一節　民不懷德

人與人相處能以德義愛惠相感動，則融洽和諧，諸事順遂。政府與人民之間也是如此，能和樂相對待，自不必怒目相向，重刑相對。漢初以來，休養生息，重視農耕，百姓既安其居復樂其業，政府與人民和平相處。但是武帝時因爲戰爭的刺激，經濟的改革，使社會型態改變，更使民心受到影響。御史大夫對人民的反應有如下的批評：

「縣官之於百姓，若慈父之於子也。忠焉能勿誨乎？愛之而勿勞乎？故春親耕以勸農，賑貸以贍不足，通滀水，出輕繫，使民務時也。蒙恩被澤而至今，猶以貧困，其難與適道若是夫！」（鹽鐵論授時篇第三十五）

政府雖然努力勸農，但是民不樂耕，以致日漸貧困。於是政府覺得人民難治，且有「難與適道」之感。人民如果不努力農事，而致貧困，政府官員認爲對他們不必行惠施利，給予關愛。御史大夫說：

「共其地，居是世也，非有災害疾疫，獨以貧窮，非惰則奢也；無奇業旁入，而猶以富給，非儉則力也。今曰：施惠悅爾，行刑不樂，則是閔無行之人，而養惰奢之民也。故妄予不爲惠，惠惡者不爲仁。」（鹽鐵論授時篇第三十五）

這種觀點，戰國時法家巨擘韓非，就曾提出，而被御史大夫所採取。韓非說：

「今夫與人相若也，無豐年旁入之利，而獨以完給者，非力則儉也。與人相若也，無饑饉疾疚禍罪之殃，獨以貧窮者，非侈則惰也。侈而惰者貧，而力而儉者富。」（韓非子顯學篇第五十）

對這種在無天災人禍的情形下，自作孽而致貧困的人，儒家的學者，大多主張「『施惠』悅爾」（鹽鐵論授時篇第三十五）或「與貧窮地，以實無資」（韓非子顯學篇第五十）但是法家學者，却認爲對侈惰者的施予恩惠，相對的是給力儉者的打擊，今後又有何人肯再力儉敬業？韓非說：「今上徵斂於富人，以布施於貧家，是奪力儉而與侈惰也。而欲索民之疾作而節用，不可得也。」（同上）御史大夫所說「則是閔無行之人，而養惰奢之民也。故妄與不爲惠，惠惡者不爲仁。」（鹽鐵論授時篇第三十五）也正是此意。對這些人不但不能施予恩惠，反而要以法刑來禁止這種不良的侈惰行爲。

持儒家觀點的賢良則說：「富則仁生，贍則爭止。」（鹽鐵論授時篇第三十五）爭止則不必用法刑，而且人民「上以奉君親，下無飢寒之憂，則敎可成也。語曰：『既富矣，又何加焉？曰：敎之。』敎之以德，齊之以禮，則民徙義而從善，莫不入孝出悌，夫何奢侈暴慢之有？管子曰：『倉廩實而知禮節，百姓足而知榮辱。』故富民易與適禮。」（同上）但是當時的社會却是：

「博戲馳逐之徒，皆富人子弟，非不足者也。故民饒則僭侈，富則驕奢，坐而委蛇，起而爲非，未見其仁也。」（同上）

在此情形下，對那些富而不仁的人，當然也需要以法刑整飭之。

上述種種貧富之民，他們的表現，令政府失望，甚而辜負了政府的一片苦心，使得政府必須運用法刑。此外，當時的社會人心，已經是「民者，敖於愛而聽刑。」（鹽鐵論後刑篇第三十四）御史大夫說：

「古之君子善善而惡惡。人君不畜惡民，農夫不畜無用之苗。……雖周公、孔子不能釋刑而用惡。……民者敖於愛而聽刑。故刑所以正民，鉏所以別苗也。」（同上）

因爲民心險惡而主張用刑的觀念，韓非早已提出，「且民者固服於勢，寡能懷於義。仲尼，天下聖人也。修行明道以遊海內，海內說其仁美其義，而爲服役者七十人。蓋貴仁者寡，能義者難也。」（韓非子五蠹篇第四十九）總之，人民既不懷德服義，就只有飭之以法了。

第二節 法不可少

先秦的法家商鞅、韓非之流，都强調變法改革，其原因在於「世異則事異」（韓非子五蠹篇第四十九），而「事異則備變」（同上）。所以爲政者，應該因時適變，「不期脩古，不法常可，論世之事，因爲之備。」（同上）各個時代既有其不同的社會環境，爲政就當顧慮現實而有所因應，一味信古之說，用古之道，引古非今，未必能解決實際問題，無怪乎御史大夫要批評衆文學們是「儒者不知治世而善訾議」（鹽鐵論詔聖篇第五十八）的一羣人。

一旦社會人心表現出不服於德義惠愛時，當政的有司自然立卽想到以法來矯正。御史大夫說：「俗非唐虞之時，而世非許由之民，而欲廢法以治，是猶不用隱括斧斤，欲撓曲直枉也。故爲治者不待自善之民，爲輪者不待自曲之木。」（鹽鐵論大論篇第五十九）這正是韓非所謂：良工不貴自直之箭、自圜之木的理論。一則自直之箭、自圜之木少，不夠用，再則不直不圜者可以用「隱括之道」（韓非子顯學篇第五十）使它直、使它圜，那些自直自圜的也就不值得特別珍惜了。用具如此，對人亦然。韓非說：

「夫聖人之治國，不恃人之為吾善也，而用其不得為非也。恃人之為吾善也，境內不什數；用人不得為非，一國可使齊。為治者用衆而舍寡，故不務德而務法。……不恃賞罰而恃自善之民，明主弗貴也。何則？國法不可失，而所治非一人也。故有術之君，不隨適然之善，而行必然之道。」（韓非子顯學篇第五十）

對不需以法整飭而能自善的人民，尙且要用法，更何況對那些不能自善，不服德義愛惠的人民呢？法治的不可少已是極為明白的了。

有了法，小則可以防缺補弊：

「夫衣小缺，襟裂可以補，而必待全匹而易之；政小缺，法令可以防，而必待雅頌乃治之；是猶舍鄰之醫，而求俞跗而後治病，廢汙池之水，待江海而後救火也。迂而不徑，闕而無務。是以教令不從而治煩亂。夫善為政者，弊則補之，決則塞之。故吳子以法治楚、魏，申商以法彊秦、韓也。」（鹽鐵論申韓篇第五十六御史曰）

大則可以防非矯邪：

「犀銚利鉏，五穀之利而閒草之害也。明理正法，姦邪之所惡而良民之福也。故曲木惡直繩，姦邪惡正法。是以聖人審於是非，察於治亂，故設明法，陳嚴刑，防非矯邪，若隱括輔檠之正弧刺也。故水者火之備，法者止姦之禁也。無法勢，雖賢人不能以為治；無甲兵，雖孫吳不能以制敵。」（同上）

「執法者，國之轡銜；刑罰者，國之維檝也。故轡銜不飭，雖王良不能以致遠；維檝不設，雖良工不能以絕水。」（鹽鐵論刑德篇第五十五御史曰）

御史認爲法刑是絕對的必要，所謂「刑一惡而萬民悅，雖周公、孔子不能釋刑而用惡。」（鹽鐵論後刑篇第三十四）已如上述。不但如此，更要在必要的情形下，强化法刑以求適應現實。御史說：

「夏后氏不倍言，殷誓周盟，德信彌衰。無文、武之人，欲修其法，此殷、周之所以失勢，而見奪於諸侯也。故衣弊而革才，法弊而更制。高皇帝時，天下初定，發德音，行一卒之令，權也，非撥亂反正之常也。其後，法稍犯，不正於理。故姦萌而甫刑作，王道衰而詩刺彰，諸侯暴而春秋譏。夫少目之罔不可以得魚，三章之法不可以爲治。故令不得不加，法不得不多。唐虞畫衣冠非阿，湯、武刻肌膚非故，時世不同，輕重之務異也。」（鹽鐵論詔聖篇第五十八）

這正是法家「聖人議多少、論薄厚爲之政。故罰薄不爲慈，誅嚴不爲戾，稱俗而行也」（韓非子五蠹篇第四十九）的一貫主張。

第三節　用刑宜重

人民旣需正之以法，而法的效力，則表現在賞罰上。罰的效果較賞更快捷而有力，於是在法不可少的前提下，必然要再强調嬌之以刑。用刑的輕重，則視當時的社會狀況而定，務期能達到遏止歪風，糾正姦邪的目的。政府官員們就是以這種觀念爲本，並參酌實情後，而主張重刑的。

御史大夫說：「文學言王者立法，曠若大路。今馳道不小也，而民公犯之，以其罰罪之輕也。千仞之高，人不輕凌，千鈞之重，人不輕舉。商君刑棄灰於道，而秦民治。故盜馬者死，盜牛者加，所以重本而絕輕疾之資也。武兵名食，所以佐邊而重武備也。盜傷與殺同罪，所以累其心而責其意也。……故輕之爲重，淺之爲深，有緣而然。法之微者，固非衆人之所知也。」（鹽鐵論刑德篇第五十五）御史也說：「夫負千鈞之重，以登無極之高，垂峻崖之峭谷，下臨不測之淵，雖有慶忌之健，賁育之勇，莫不震慴悼慄者，知墜則身首肝腦塗山石也。故未嘗灼而不敢握火者，見其有灼也。未嘗傷而不敢握刃者，見其有傷也。彼以知爲非罪之必加，而戮及父兄，必懼而爲善。故立法制辟，若臨百仞之壑，握火蹈刃，則民畏忌，而無敢犯禁矣。慈母有敗子，小不忍也。嚴家無悍虜，篤責急也。今不立嚴家之所以制下，而修慈母之所以敗子，則惑矣。」（鹽鐵論周秦篇第五十七）這兩段話所一致强調的重點是：重刑和必罰。

人人皆知火可灼人，刃可傷人，所以無人敢妄自握火、握刃，於是也就不會灼於火、傷於刃。刑要重，正要人民知其可畏而不敢輕易以身試法，而蹈刑戮。雖然有慶忌之健、賁育之勇，在知道犯法後的結果正如同墜身於峭谷之下，身首肝腦塗於山石之上時，又有何人敢犯法爲非？韓非子中有一個故事，正說明這種情況：

「董閼于爲趙上地守，行石邑山中，見深澗，峭如牆，深百仞。因問其旁鄉左右，曰：『人嘗有入此者乎？』對曰：『無有。』曰：『嬰兒盲聾狂悖之人，嘗有入此者乎？』對曰：『無有。』『牛馬犬㹫，嘗有入此者乎？』對曰：『無有。』董閼于喟然太息曰：『吾能治矣，使吾法之無赦，猶入澗之必死也，則人莫敢犯也。何爲不治？』」（韓非子內儲說上七術篇第三十）

御史大夫所謂「千仞之高，人不輕凌；千鈞之重，人不輕舉。商君刑棄灰於道，而秦民治」（鹽鐵論刑德篇第五十五），正表現出法家思想的另一種特點：以刑去刑。明白的說，就是以重刑來處罰輕罪，以遏阻人民犯小過，進而無過。人民無過，則重刑無所施，也就是無刑了。韓非解釋商鞅以重刑處罰輕罪的意義時，說：

「公孫鞅之法也重輕罪，重罪者，人之所難犯也。而小過者，人之所易去也。使人去其所易，無離其所難，此治之道。夫小過不生，大罪不至，是人無罪而亂不生也。」（韓非子內儲說上七術篇第三十）

刑雖然重，却有逍遙法外的漏網之魚，則重亦無用。曾經有過這種情形：「荊南之地，麗水之中生金，人多竊采金。采金之禁，得而輒辜磔於市，甚衆，壅離其水也，而人竊金不止。」（韓非子內儲說上七術篇第三十）竊金判磔刑，不可謂不重，被處死者阻塞流水，不可謂不多，爲何人們仍竊金不止？韓非的看法是沒有「必得」。如果知道「必死」，韓非認爲卽使「予汝天下而殺汝身」（同上），恐怕連庸人都不肯爲。由於「布帛尋常，庸人不釋；鑠金百溢，盜跖不掇。不必害則不釋尋常，必害手則不掇百溢。」（韓非子五蠹篇第四十九）所以爲政者在「峭其法而嚴其刑」（同上）之外，更要

「必其誅」（同上）。這就是御史所說「彼以知爲非，罪之必加，而戮及父兄，必懼而爲善」（鹽鐵論周秦篇第五十七）的理由。

因爲長期的征戰，使社會人心、經濟結構都有了轉變，也給政府帶來了戰爭以外的困擾。在此情形下，政府官員所採取的對策，充分的表現了法家的部分思想。他們所堅持的正是：

「令者所以敎民也，法者所以督姦也。令嚴而民愼，法設而姦禁。罔疏則獸失，法疏則罪漏。罪漏則民放佚而輕犯禁，故禁不必，法夫徼倖；誅誠（張敦仁曰：誠當作誠。），蹠、蹻不犯。是以古者作五刑，刻肌膚而民不踰矩。」（鹽鐵論刑德篇第五十五）

可惜的是他們接受的只是法家思想中有利於他們的那一部份，其他的則因爲沒有利用價値而被棄置，以致於他們的所作所爲，大大的違反了法家無私、無枉等原則。許多不合理現象的出現，與受到批評，是必然的。

第二章　賢良文學强調德教爲本

第一節　法宜爲末

在政治教化上，「導之以德，齊之以禮，有恥且格。」（論語爲政篇第二），是儒家者流所堅持奉行的原則。法刑雖不可少，但在執行運用時，「徒法不能以自行」（孟子離婁篇第四），更是儒家者流一再强調的。所以衆賢良文學在面對西漢當時的社會劇變時，所籌思的對策，是政府要以德教化民，而置法刑於末。因爲二者性質有別，成效各異。文學說：

「春夏生長，聖人象而爲令。秋冬殺藏，聖人則而爲法。故令者教也，所以導民人；法者刑罰也，所以禁强暴也。二者治亂之具，存亡之効也，在上所任。」（鹽鐵論詔聖篇第五十八）一爲教、爲導；一爲刑、爲禁；雖然都是治亂之具，但是成敗却在於政府運用時，究竟以何者爲主爲本。

對政府當時加强法刑以禁姦齊民的措施，文學們就法刑功能的觀點，提出質疑說：

「法能刑人而不能使人廉，能殺人而不能使人仁。所貴良醫者，貴其審消息而退邪氣也，非貴

其下鍼石而鑽肌膚也。所貴良吏者，貴其絕惡於未萌，使之不為非，非貴其拘之囹圄而刑殺之也。」（鹽鐵論申韓篇第五十六）

法刑的功能既然只能在事情發生之後，發揮制裁、遏止的力量，可見得是消極的、被動的。而積極的、主動的作法，應該是「絕惡於未萌，使之不為非。」（同上）。唯有從根本上治民之心，使民知恥，有所不為，才是正本清源之策。欲正本清源，捨道德教化，更無良法。

運用德教和迷信法刑，不但在其本身功能上，見出優劣，更可在歷史事實上，找出成敗不同的明證：

「湯武經禮義，明好惡，以道其民，刑罪未有所加，而民自行義，殷周所以治也。上無德教，下無法則，任刑必誅，劓鼻盈蔂，斷足盈車，舉河以西，不足以受天下之徒，終而以亡者，秦王也。」（鹽鐵論詔聖篇第五十八）

再者，法令繁多而難懂，是不正常現象，決不可能獲得理想效果。商鞅曾說：「法詳則刑繁，法簡則刑省。」（陳啟天商君書校釋說民篇第五），法令簡明，一般人民才能知法，唯有知法才能求其守法。有法令而吏民不知，如何能執法？如何能守法？所以法令的易知易行，是法家所強調的重要原則。商鞅說：

「故天下之吏民無不知法者。……故夫智者而後能知之，不可以為法，民不盡智。賢者而後知之，不可以為法，民不盡賢。故聖人為法，必使之明白易知。」（商君書校釋定分篇第二十六）

韓非也說：

「今爲衆人法，而以上智之所難知，則民無從識之矣。……今所治之政，民間之事，夫婦所明知者不用，而慕上知之論，則其於治反矣。」（韓非子五蠹篇第四十九）

基於以上的考慮，政府訂定法令，決不可忽略易知易行的原則，否則法令也只是空文而已。韓非說：

「明主之表易見，故約立；其教易知，故言用；其法易爲，故令行。三者立而上無私心，則下得循法而治。望表而動，隨繩而斲，因攢而縫（俞樾曰：攢字當作簪）。如此則上無私威之毒而下無愚拙之誅。故上君明而少怒，下盡忠而少罪。」（韓非子用人篇第二十七）

法治成功是要上無私心，無私威之毒，君明而少怒；在下的吏民要循法而治，無愚拙之誅，得以盡忠而少罪。而這一切都必須建立在法令的易知與易行上。

漢武帝時却是法令繁多，官吏尚且不知，何況小民。於是官吏有的無知，有的玩法，使百姓受害而不自知。且看文學的批評：

「方今律令百有餘篇，文章繁，罪名重，郡國用之疑惑，或淺或深。自吏明習者不知所處，而況愚民乎！律令塵蠹於棧閣，吏不能徧覩，而況於愚民乎！此斷獄所以滋衆，而民犯禁滋多也。『宜犴宜獄，握粟出卜，自何能穀？』刺刑法繁也。」（鹽鐵論刑德篇第五十五）

上述的現象是法治中的大忌，是政治上的大病，却爲政府官員們所忽略。這正是文學們懷疑法刑效果的另一原因。

天下太平，社會安定，是政府和人民共同的願望。而政府的態度，施政的取捨，更直接關係着共同願望的能否實現，政府責任的重大，可想而知。所以文學們特別强調政府的做法，也就是强調政府施政應以德教作爲施政治民準則的重要性。文學說：

「文王興而民好善，幽厲興而民好暴，非性之殊，風俗使然也。故商周之所以昌，桀紂之所以亡也。湯武非得伯夷之民以治，桀紂非得蹠蹻之民以亂也，故治亂不在於民。」（鹽鐵論大論篇第五十九）

事實上，當時施政是以法刑爲主，這在賢良文學們看來，不但錯誤，而且有設陷穽害民蹈法的嫌疑。賢良說：

「古者篤敎以導民，明辟以正刑。刑之於治，猶策之於御也。良工不能無策而御，有策而勿用。聖人假法以成敎，敎成而刑不施。故威厲而不殺，刑設而不犯。今廢其紀綱而不能張，壞其禮義而不能防。民陷於罔，從而獵之以刑，是猶開其闌牢，發以毒矢也，不盡不止。」（鹽鐵論後刑篇第三十四）

文學也說：

「今馳道經營陵陸，紆周天下，是以萬里爲民穽也。罻羅張而縣其谷，辟陷設而當其蹊，矰弋飾而加其上，能勿離乎？聚其所欲，開其所利，仁義陵遲，能勿踰乎？故其末途至於攻城入邑，損府庫之金，盜宗廟之器，豈特千仞之高、千鈞之重哉！」（鹽鐵論刑德篇第五十五）

設穽陷民，再繩之以刑的結果，是民不但不畏法刑，反而更加甚爲惡。不但應了孔子「導之以政，齊之以刑，民免而無恥」（論語爲政篇第二）的話，更可能嚴重到法刑失效的地步。法刑與德敎相比，其輕重先後已極明顯。

第二節　刑務求輕

爲政治民既然以道德敎化爲本，法刑自然退居輔助的地位。既屬輔助性質，則必然要在不得已時才偶一用之，卽使用刑，也要輕要少。用刑的原意在矯正人民的過錯，但是用刑太重，其效果却正相反。秦代的趙高「以峻文決罪於內，百官以峭法斷割於外，死者相枕席，刑者相望，百姓側目重足，不寒而慄。」（鹽鐵論周秦篇第五十七）重刑使人民不寒而慄，結果是「父子相背，兄弟相慢，至於骨肉相殘，上下相殺」（同上）；終而亡國。正因爲法刑太嚴而不施仁恩，上下相怨，「百姓不勝其求，黔首不勝其刑，海內同憂而俱不聊生」（鹽鐵論詔聖篇第五十八）的緣故。

重刑之所以得反效果，是因爲重刑違反天道。文學說：

「天道好生惡殺，好賞惡罰。故使陽居於實而宣德施，陰藏於虛而爲陽佐輔。陽剛陰柔，季不能加孟。此天賤冬而貴春，申陽屈陰。故王者南面而聽天下，背陰向陽，前德而後刑也。……由此觀之，嚴刑以治國，猶任秋冬以成穀也。故法令者治惡之具也，而非至治之風也。是以古者明王茂其德教，而緩其刑罰也。」（鹽鐵論論菑篇第五十四）天地之大德曰生，天道好生惡殺，春夏爲陽，主生；秋冬爲陰，司殺。所以人喜春夏而惡秋冬。爲政者上體天心，故背陰而向陽。陽居於實而宣德施，陰藏於虛以輔佐之，陽者德教，陰者刑罰。所以爲政前德而後刑，德爲主而刑爲輔。

法不外乎天理、人情，刑重之不合天理，已如上述。刑重之不順乎人情之處，文學更言之沉痛。文學說：

「今以子誅父，以弟誅兄，親戚相坐，什伍相連，若引根本之及華葉，傷小指之累四體也。如此，則以有罪反誅無罪，無罪者寡矣。……故爲民父母以（王先謙曰：治要「以」作「似」，是。）養疾子，長恩厚而已。自首匿相坐之法立，骨肉之恩廢，而刑罪多矣。父母之於子，雖有罪猶匿之，其不欲服罪爾。聞子爲父隱，父爲子隱，未聞父子之相坐也。聞兄弟緩追以免賊，未聞兄弟之相坐也。聞惡惡止其人，疾始而誅首惡，未聞什伍之相坐。」（鹽鐵論周秦篇第五十七）

這是對當時的父子兄弟鄰居連坐法，所作的嚴厲批評。其着眼點卽在連坐法嚴重的傷害了骨肉的恩情。至於因爲親情而隱匿罪惡的情形，則不在儒家者流的文學們考慮範圍之內。

在文學們看來，重刑本身絕不合乎天理、人情，而當時用刑還有許多不合理之處，更令人不平。文學學例說：「聞以六畜禽獸養人，未聞以所養害人者也。……今盜馬者罪死，盜牛者加。乘騎車馬行馳道中，吏舉苛而不止，以爲盜馬，而罪亦死。今傷人持其刀劍而亡，亦可謂盜武庫兵而殺之乎？人主立法而民犯之，亦可以爲逆面（楊沂孫曰：面當作而。）輕主約乎？深之可以死，輕之可以免，非法禁之意也。」（鹽鐵論刑德篇第五十五）深之可以死，輕之可以免，的確不是立法設禁與執行時所應有的，也決不是先秦法家所容許的。文學們說：「法者緣人情而制，非設罪以陷人也。」（同上）確是不易之論。又說：「今殺人者生，剽攻竊盜者富。故良民內解怠，輟耕而隕心。古者君子不近刑人，刑人非人也，身放殛而辱後世，故無賢不肖莫不恥也。今無行之人貪利以陷其身，蒙戮辱而捐禮義，恆於苟生。」（鹽鐵論周秦篇第五十七）持法不平，用刑不公到此程度，無怪乎文學們要疾言厲色的批評了。

第三節　德教爲本

合情合理的作法是先施以德教，不從者才施之刑罰。所謂「古者周其禮而明其教，禮周教明，不從者然後等之以刑。刑罰中，民不怨。故舜施四罪而天下咸服，誅不仁也。輕重各服其誅，刑必加而無赦，赦惟疑者。」（鹽鐵論周秦篇第五十七）用刑宜寬宜輕，赦惟疑者。法緣人情而制，非設罪以陷人，所以治獄時要如春秋之論心定罪，卽「志善而違於法者免，志惡而合於法者誅。」（鹽鐵論刑德篇第五十五）治獄的人，尤當上體天地好生之德，不可故意入人於罪。文學說：

「刑不可任以成化，故廣德教。言遠必考之邇，故內恕以行。是以刑罰若加於己，勤勞若施於身。又安能忍殺其赤子以事無用，罷弊所恃而達瀛海乎？」（鹽鐵論論菑篇第五十四）緩法輕刑之道，端在防患於未然，使亂原無從發生。既無亂原，則法令只是設而不用，這才是眞正的刑期於無刑。消弭亂源的方法，一言以蔽之，曰：德教。「三代之盛無亂萌，教也。夏、商之季世無順民，俗也。是以王者設庠序，明教化，以防道其民，及政教之洽，性仁而喻善。故禮義立則耕者讓於野，禮義壞則君子爭於朝。」（鹽鐵論授時篇第三十五）教育工作做好，人民自然循規蹈矩，安分守己，人人都不胡作妄爲，則紛擾混亂無由產生，社會又豈有不安定之理？社會安定，人民守分，又何需法刑？

德教失敗則禮義壞，禮義壞則有爭，爭必亂，亂必飭之以刑，刑多則傷民，民傷則愈亂。而德教的成功，又繫於民生的富庶。孔子主張先庶後富，而後加之以教。管子所謂倉廩實而知禮節，衣食足而知榮辱，都是基於現實民生問題的考慮。賢良說：

「周公之相成王也，百姓饒樂，國無窮人，非代之耕織也。易其田疇，薄其稅斂，則民富矣。上以奉君親，下無飢寒之憂，則教可成也。語曰：『既富矣，又何加焉？曰：教之。』教之以德，齊之以禮，則民徙義而從善，莫不入孝出悌，夫何奢侈暴慢之有？管子曰：『倉廩實而知禮節，百姓足而知榮辱。』故富民易與適禮。」（鹽鐵論授時篇第三十五）

傳統的富民之道是耕織，是農業而不是工商業。因為賢良文學們重視的是農業，所以不贊成鹽、鐵、酒專賣，均輸、平準等工商業措施。這些措施是為彌補討伐匈奴的戰費而生；於是賢良文學們也就必然的反對以武力討伐外夷。取代武力的是德教。於是賢良文學們的主要論點，就在對外以德教來柔服遠人，對內以德教來化育百姓。

第三章　論爭平議

第一節　觀點的歧異

政府官員在解決社會不安的問題方面，支持一貫採行的重刑政策，充分的表現出重視現實的態度，而賢良文學則强調原則的重要。重視現實，是執政者的特點。不重視現實，則不能提出解決之道，有了問題而沒有實際可行的辦法，就不足以爲政治民。執政而遇事束手無策，又何足以談政治理想？同樣是爲解決問題，而雙方却產生歧見，就在於賢良文學太强調解決問題的原則，而政府官員則重視實際的辦法。其關鍵則在於對現實存在的問題，所抱的態度不同，也就是看問題的角度不同，以致於提出的解決之道，相去甚遠。

武帝時，人民受到因戰爭而帶來的經濟上暨社會變動的影響甚大，不法之徒日多。對此現象，賢良文學只是提出一個以道德來教化人民於正道的原則。以此原則來反對對外的戰爭，以此原則來反對財經改革措施，以此原則來反對用重刑齊民的政策。政府官員則認為迫於客觀形勢，對四夷不能不戰，財源不足只有改革財經，人民不法當然要齊之以刑了。他們受先秦法家的影響，認爲人民不知自愛而犯法，則不必再施以愛惠的仁政，用德教去照顧他們，感化他們。因爲人民大多愛之則驕，威之則服。雖然以威來服，未必是心服，但是效果却是可以立刻見到的。政府官員們以因時變法的法家觀點，來爲重刑政策辯護。

政府官員方面同時對賢良文學們一再堅持原則的態度，也提出了批評。像談到天災問題時，大夫就曾說過這樣的話：

「巫祝不可與並祀，諸生不可與逐語，信往疑今，非人自是。夫道古者稽之今，言遠者合之近。……不知則默，無苟亂耳。」（鹽鐵論論菑篇第五十四）

丞相史在談到當務之急時，也批評說：

「先王之道，軼久而難復，賢良、文學之言，深遠而難行。夫稱上聖之高行，道至德之美言，非當世之所能及也。」（鹽鐵論執務篇第三十九）

總之，政府官員重實際，講創新、實用而進取、求速效。而賢良文學們則重原則、理論，保守而復古。賢良對當時的經濟與社會許多現實問題，批評政府官員們在作法上「務於權利，怠於禮義。故百姓做傚，頗踰制度。」（鹽鐵論散不足篇第二十九）政府官員請教所踰的是那些制度時，賢良一口氣提出了三十二項「古者」如何如何。由此可見雙方對同樣一個現實問題，觀察的角度，思考的方向，是如何的不同了。

在經濟問題上，賢良文學重德不重利，所以他們重農而不重工商，强調以農爲本。政府官員中的桑弘羊，却正正是新興起的工商業人士。自從張湯等人倡興國營工商業來救窮以後，政府官員們在工商業方面的成就，大於在農業方面的貢獻。他們並不是不重農業，而是在需錢孔急之時，唯有振興工商才可立竿見影。而且與辦國營工商業的同時，不必加重農民負擔，却又可抑制私營的工商業壟斷牟利以害農。這與只講農戰，大罵工商之民是五蠹之一的先秦法家大不相同。

政府用重刑來壓制因財經改革而犯法的官民，某些官員在態度上與先秦法家的用重刑，也大不相同。在法家思想中，罰只是國君治國的二柄之一，而罰尤當依法而行。重刑固然足以止姦，但是刑措不當，則不但無效果可言，反而足以亡國。韓非認爲賞罰第一要「公」：

「是故誠有功，則雖疏賤必賞；誠有過，則雖近愛必誅。」（韓非子主道篇第五）

「法不阿貴，繩不撓曲。……刑過不避大臣，賞善不遺匹夫。」（韓非子有度篇第六）

其次要「當」：

「刑當無多，不當無少。」（韓非子難二篇第三十七）

「聖人之治國也，賞不加於無功，而誅必行於有罪者也。」（韓非子姦刦弑臣篇第十四）

而漢代的政府官員，却陽任法而陰枉法，更用重刑。漢書杜周傳記載了一件事：「（杜周）善候司。上所欲擠者，因而陷之；上所欲釋，久繫待問而微見其寃狀。客有謂周曰：『君爲天下決平，不循三尺法，專以人主意旨爲獄，獄者固如是乎？』周曰：『三尺安出哉！前主所是著爲律，後主所是疏爲令，當時爲是，何古之法乎？』」這種觀念決非先秦法家所有，而有此觀念的執法者，眞是法家的罪人。

第二節　酷吏的枉法

政府官員和賢良文學爲治國原則而爭，一方面强調法與刑的效用，另一方面則呼籲德與教的重要。細加分析，則可發現賢良文學們批評的重點在當時用刑過重且多。賢良說：

「楊可告緡，江充禁服，張大夫革命，杜周治獄，罰贖科適，微細並行，不可勝載。夏蘭之屬妄搏，王溫舒之徒妄殺。殘吏萌起，擾亂良民。當此之時，百姓不保其首領，豪富莫必其族姓。」（鹽鐵論國疾篇第二十八）

其所以如此的主要原因，則在執法者的觀念與作法有偏差。這些人在賢良文學眼中是「殘吏」，可是在御史大夫心中却是能吏。御史大夫說：「杜大夫（杜周）、王中尉（王溫舒）之等，繩之以法，斷之以刑，然後寇止姦禁。」（鹽鐵論大論篇第五十九）平情而論，這兩個人只是典型的「酷吏」。

杜周爲人「少言重遲，而內深次骨。……其治大抵放張湯，而善候司。」（漢書杜周傳卷第六十）以有如此個性暨作風的人，任執法之官，卽使有合理的法，寬容的刑，恐亦獄不得平，民不得安。杜周治獄用刑極酷，史稱：

「至周爲廷尉，詔獄亦多矣。二千石繫者新故相因，不減百餘人。郡吏太府擧之廷尉，一歲至千餘章，章大者連逮證案數百，小者數十人，遠者數千里，近者數百里會獄。吏因責如章告劾，不服，㠯掠笞定之。於是聞有逮證，皆亡匿。獄久者至更數赦，十餘歲而相告言，大氐盡詆㠯不道㠯上。廷尉及中都官，詔獄逮至六七萬人，吏所增加十有餘萬。」（同上）

王溫舒爲人「多諂。善事有埶者，卽無埶，視之如奴。有埶家，雖有姦如山，弗犯；無埶，雖貴戚，必侵辱。」（漢書酷吏傳第九十）任河內太守時，「㠯九月至，令郡具私馬五十疋，爲驛自河內至長安。部吏如居廣平時方略，捕郡中豪猾，相連坐千餘家，上書請大者至族，小者乃死，家盡沒入償臧。奏行不過二日，得可，事論報，至流血十餘里。河內皆怪其奏，㠯爲神速。盡十二月，郡中無犬吠之盜。其頗不得，失之旁郡，追求，會春，溫舒頓足歎曰：『嗟乎！令冬月益展一月，卒吾事矣！』其好殺行威不愛人如此！」（同上）殺人而至流血十餘里，春天捕到不能立刻誅殺，竟頓足而歎，無怪乎天下人要痛心疾首了。

杜周是因義縱推荐給張湯而起家，王溫舒因爲事張湯而遷爲御史，當時諸酷吏，或多或少都與張湯有關，也與財經改革有關。張湯因爲治漢武帝陳皇后巫蠱獄，能「深竟黨與」（漢書張湯傳第五十九）而升爲太中大夫的。他又與趙禹共定諸律令。史稱其律令「務在深文，拘守職之吏。」（同上）張湯爲廷尉決獄，不能依法持平。「所治卽上意所欲辠，予監吏深刻者；卽上意所欲釋，予監吏輕平者。」（同上）此種作爲，只是逢迎君上，而非守法不阿。史稱張湯爲官，「舞知㠯御人」（同上），「及列九卿，收接天下名士大夫。己心內雖不合，然陽浮道與之。」（同上）「湯至於大吏，內行修，交通賓客飲食。於故人子弟爲吏及貧昆弟，調護之尤厚。其造請諸公，不避寒暑。是㠯湯雖文深意忌，不專平，然得此聲譽。而深刻吏多爲爪牙用者。依於文學之士，丞相弘數稱其美。」（同上）由此看來，張湯十足是一個養私譽、營私利、樹權勢、邀君寵的人。他任御史大夫時，竟能使「丞相取充位，天下事皆決於湯。」（同上）韓非所謂「順人主之心以取信幸之勢」（韓非子姦劫弑臣篇第十四）的「擅主之臣」（同上），恰可用以說明張湯其人。而這種人正是先秦法家所極力反對，必欲除之而後快的權臣。

武帝大伐匈奴，財政困難，張湯爲御史大夫，「請造白金及五銖錢，籠天下鹽鐵，排富商大賈，出告緡令，鉏豪强幷兼之家，舞文巧詆㠯輔法。」（漢書張湯傳卷第五十九）財經改革由張湯發動，爲貫徹財經改革措施，而法網日密，「楊可告緡徧天下，中家㠯上大氐皆遇告。杜周治之，獄少反者。」（漢書食貨志卷第二十四下）原爲排富商大賈及鉏豪强幷兼之家，國營實業以充實國庫的，結果到了這些酷吏手上，就不知多少人家破人亡了。

張湯改革財經，有其成就，他本人「㠯峻文決理爲廷尉，於是見知之法生，而廢格沮誹窮治之獄用矣。」（漢書食貨志卷第二十四下）觀其所爲，實已不足以語治道與爲臣，但是和其他人相比，却又是一個「其治尚寬，輔法而行」（漢書酷吏傳卷第九十）的人。可見他所提拔出來的，必然都是一些只知用重刑，比他更等而下之的酷吏。他們的所作所爲，是「文察則以禍其民，强力則以厲其下，不本法之所由生，而專己之殘心。文誅假法，以陷不辜，累無罪，以子及父，以弟及兄。一人有罪，州里驚駭，十家奔亡。若癰疽之相濘，色淫之相連，一節動而百枝搖。」（鹽鐵論申韓篇第五十六）文學們批評這些人是「殘賊民人而欲治者」（鹽鐵論大論篇第五十九），眞是一點也不寃枉。他們的作法不但傷害了人民，也同時違背了中國法家所倡導的法治的眞正精神。

第三節　爲政在人

在爭論的過程中，可以明顯的看出，選拔自民間的賢良文學們，是一羣有救國救民熱誠，而且敢說眞話的知識份子，但是缺乏實際參與政事的行政經驗。這使得他們對許多現實存在的問題，在批評指責之外，只能提出一些原則性的理論，而無眞正確實可供立卽採行的方法。卽使賢良文學們規劃出了詳盡的辦法，交給甚麼人執行，也是問題。爲政治民不論以道德教化爲本，或以法治刑罰爲主，其成敗都取決於人。執政者本身無德無能，求其持法公正、刑獄得平尙不可能，又焉能求其以德化民，導之於正？

漢武帝時執法者多爲酷吏，舞文弄墨，阿意承旨，這些刀筆之吏，以苛察爲能，而無公正之心。與漢文帝時廷尉張釋之之執法，相去不可以道里計。張釋之爲公車令，太子與梁王共車入朝，不下司馬門，被張釋之追止，且劾以不下公門不敬之罪。後爲廷尉，文帝出中渭橋，有一人從橋下走出，驚乘輿馬，捕下廷尉。釋之奏當罰金之罪，文帝怒，以爲太輕，張釋之說：

「法者，天子所與天下公共也。今法如此而更重之，是法不信於民也。且方其時，上使立誅之則已。今既下廷尉，廷尉天下之平也，一傾而天下用法皆爲輕重，民安所措其手足！」（史記張釋之馮唐列傳第四十二）

後又有人盜高帝廟坐前玉環，捕下廷尉。釋之案律，奏當棄市，而文帝却是想族誅之，釋之說：

「法如是足也。且罪等，然以逆順爲差。今盜宗廟器而族之，有如萬分之一，假令愚民取長陵一抔土，陛下何以加其法乎？」（同上）

由這三件事可以看出張釋之執法，身任天下之平的廷尉，確能公正無私，不避權貴。卽使太子犯法，亦加禁止。又能不阿君主之意，枉法用重刑，一切依法定持平之罪，眞是能爲天下執法者之表率。而其所言更是鏗鏘有力，義正辭嚴。不期先秦法家的理想，能見諸實行於漢世。所可惜的，社會不安定，民心浮動，最需公正執法者主天下之刑獄的漢武帝時代，出現的不是張釋之之流的人，而是張湯那一批人。由酷吏治理不安的社會，只會使人心更不穩定，這無異是火上加油，難怪賢良文學們要大加攻擊了。

以遠的張釋之和張湯等人相比，可以看出執法爲政時，「人」的因素所造成的不同結果。再以張湯和杜周兩人爲例，他們本人和他們的子弟，在同樣性質的問題上，所採取的態度和作法，也大不相同。

張湯幼時，父出，「湯爲兒守舍。還，鼠盜肉。父怒，笞湯。」（漢書張湯傳卷第五十九）事屬平常，而張湯在被責後，却掘鼠穴，得鼠及餘肉，加以嚴訊，訊畢，磔鼠於堂下。湯父視其文辭如老獄吏，大驚。幼時性行如此，其長大成人，不流爲酷吏甚難。而湯子安世，以「篤行」（同上）爲大將軍霍光所親重。宣帝時，安世拜爲大司馬車騎將軍，領尚書事，位高權重。而安世却「小心畏忌」、「匿名迹，遠權勢」、「懷不自安」（均見漢書張湯傳卷第五十九），湯子安世的爲人如此。「郎有醉小便殿上，主事白行法。安世曰：『何以知其不反水漿耶？如何以小過成罪？』郎淫官婢，婢兄自言。安世曰：『奴以恚怒，誣汙衣冠。』自（郭嵩燾曰：自當作告。）署適（顏師古曰：讀如謫。）奴。其隱人過失，皆此類也。」（同上）張湯父子二人的爲人處事，竟有如此的不同。

杜周爲吏，刑人無數。而其少子延年，性行寬厚。史稱：「光（霍光）持刑罰嚴，延年輔之以寬。」（漢書杜周傳卷第六十）丞相車千秋爲追捕桑弘羊兒子的案子，幾乎獲罪，延年爲之力爭說：「間者民頗言獄深，吏爲峻詆。今丞相所議，又獄事也，如是以及丞相，恐不合衆心。羣下讙譁，庶人私議，流言四布。延年竊重將軍失此名於天下也。」（同上）延年又看到國家年歲不好，流民未還，數諫霍光宜修孝文帝之政，示天下以儉約寬和，順天心，悅民意。舉賢良文學，議罷鹽鐵、酒榷，正是杜延年的建議。杜氏父子治獄、爲官在作法上也是如此的不同。

徒法不能自行，執法者的觀念、素養和分寸，關係民命極大，酷吏害法卽在於此。選任執法者，能不謹愼！

結　語

追溯各項財經改革措施實行的初期，政府受到多方面的阻力，既得利益者强烈反對，姦民乘機牟利爲非，小民不能立卽適應，政府經營不善，種種因素加在一起，社會呈現出極度的不安。貧富差距加大，社會風氣敗壞，人民因生活窮苦而鋌而走險，有人盜鑄金錢、有人逃漏稅捐、有人流爲盜匪。當時既不能把對外戰爭和財經新措施立刻停止，政府就只有採取强制的手段來控制局面，解決問題。不幸的是，實行這些改革措施和發生嚴重問題時，執政的人却是「御史大夫張湯方隆貴用事，減宣、杜周等爲中丞，義縱、王溫舒等，用法慘急刻深爲九卿，而直指夏蘭之屬始出矣。」（史記平準書卷第三十）由於這批酷吏，態度偏激，用法不平，治獄苛深，火上加油終於鬧得天下洶洶，百姓不安。

法家用重刑，除對犯法者本人施予嚴厲制裁外，還有對社會大衆的一種嚇阻警惕作用。在法家學者認爲，犯法者既然自作孽，就應當爲自己的行爲付出代價。至於要付出高代價的緣故，則是小過失容易發生，小過而得重懲，則不敢再犯，小過尚不敢有，何況大過？小過而未加適當的懲戒，姑息足以養奸，往往釀成大錯。平日愛之惜之，不忍處罰，或罰而太輕，產生慢易玩法之心，則不足以止姦。一旦大錯鑄成，繩以重典，豈非不敎而殺？所以法家的觀念，藉重刑來止姦，非但不是害民傷民，反而是基於愛民之心的一種辦法。韓非說：

「今不知治者，皆曰重刑傷民。輕刑可以止姦，何必於重哉，此不察於治者也。夫以重止者，未必以輕止也。以輕止者，必以重止矣。是以上設重刑者（王先愼說：「者」字當衍。）而姦盡止，姦盡止，則此奚傷於民也。所謂重刑者，姦之所利者細，而上之所加焉者大也。民不以小利蒙大罪，故姦必止者也。所謂輕刑者，姦之所利者大，上之所加焉者小也。民慕其利而傲其罪，故姦不止也。故先聖有諺曰：不躓於山而躓於垤。山者大，故人順之；垤微小，故人易之也。今輕刑罰，民必易之，犯而不誅，是驅國而棄之也。犯而誅之，是爲民設陷也。是故輕罪者，民之垤也。是以輕罪之爲民（王先愼說：「民」字當衍。）道也，非亂國也，則設民陷也，此則可謂傷民矣。」（韓非子六反篇第四十六）

執法者假若心存讎視、敵對之心，以爲手握生殺大權，而爲所欲爲，不公不當，屈法枉法，以快其欲，則是人人可得而誅之的酷吏。漢武帝時的執法者，不知深體法治用重刑的眞正意義於先，用法時又不能公正無失於後，只知濫刑苛重，是十足的酷吏，是法家的罪人。御史大夫等人爲此輩酷吏辯護，只見其陋，而不得視爲法家思想的擁護者與實行者。在德治和刑治孰重的這個爭論主題上，政府官員太過於迴護過去用重刑的事實，賢良文學則太過於拘守德教的原則，均非持平之論。大凡新的措施頒行，必須在强制執行之外，兼顧疏導的工作，唯有雙管齊下，才可能有好的成效，而遇到的抗力也小。道德教化和法治刑罰的不可偏廢，正在此等關鍵處看出，唯有相輔爲用，才能有相成的效果。

第六篇　政風與吏治的檢討

丞相車千秋、御史大夫桑弘羊，率領丞相史、御史等，在朝堂上和賢良、文學們討論鹽鐵政策存廢、征伐四夷得失、德治刑治優劣等重大問題時，雙方都坦陳己見，爲自己辯護。但是因爲立意互殊，不能協調一致，以致時有扞格，甚且場面火爆，爭執激烈。雙方都是有身份有知識的人，若能心平氣和，就事論事，不固執己見，互相尊重，互相容忍，應該可以在祥和的氣氛下，討論出一個圓滿的結果。可惜雙方都態度堅決，絲毫不肯讓步，使一個由政府正式召開的國是討論會，變成了國策檢討辯論會。互相攻訐不已，既脫離了主題，又傷害了感情。不但雙方與會者本身受到攻擊謾罵，即使雙方所標榜的古聖先賢也遭波及。很明顯的，身任要職的知識份子和在野爲民的知識份子，在立場上有所不同，於是知識份子的立身之道，進身之方和治事之法等問題，都成了討論的焦點。

第一章　賢良文學指斥官員

第一節　公卿貪利

「天設三光以照記，天子立公卿以明治。故曰：公卿者四海之表儀，神化之丹青也。上有輔明主之任，下有遂聖化之事。和陰陽，調四時，安衆庶，育羣生，使百姓輯睦，無怨思之色，四夷順德，無叛逆之憂。此公卿之職，而賢者之所務也。」（鹽鐵論相刺篇第二十）

這是文學對身居公卿之位的政府官員，尤其是具有知識份子身份的政府官員，所揭示出的居官治事之道。一言以蔽之，凡爲公卿，都應該以德潤身，上以輔君，下以率民，而無私心私利。唯有如此，才是眞正讀書人的操守，聖人的門徒。

文學以此原則考察參與討論的衆公卿，結果都不合標準。因爲衆公卿，不但沒有以德潤身，輔君率下，反而唯利是圖。御史大夫爲自己的財富辯護說：

「余結髮束脩，年十三，幸得宿衞，給事輦轂之下，以至卿大夫之位，獲祿受賜，六十有餘年矣。車馬衣服之用，妻子僕養之費，量入爲出，儉節以居之，奉祿賞賜，一二籌策之，積浸以致富成業。故分土若二，賢者能守之；分財若一，智者能籌之。夫白圭之廢著，子貢之三至千金，豈必賴（王利器注：「取」的意思。）之民哉？運之方寸，轉之息耗，取之貴賤之間耳！」

（鹽鐵論貧富篇第十七）

文學對御史大夫在應得的俸祿之外，拿奉祿賞賜動腦筋去一二籌策之，運之方寸，轉之息耗，取之貴賤之間的牟利行爲，不能批評爲非法，但却認爲是「因權勢以求利」（同上）的不道德做法。因爲「古者事業不二，利祿不兼，然後諸業不相遠，而貧富不相懸也。夫乘爵祿以謙讓者，名不可勝舉也；

因權勢以求利者，入不可勝數也。食湖池，管山海，芻蕘者不能與之爭澤，商賈不能與之爭利。子貢以布衣致之，而孔子非之，況以勢位求之者乎？故古者大夫思其仁義以充其位，不爲權利以充其私也。」（鹽鐵論貧富篇第十七）

政府官員利用權勢以牟私利，自然是近水樓台，得天獨厚，大商賈尚且不能與之相爭，何況小民？身爲公卿而日思以富潤身，又何暇服事公務？君子立身於世，「不能枉道而假財」，「不違義而妄取」，「不毀名而趨勢」（均見鹽鐵論貧富篇第十七）。君子正身於朝，更不可枉道違義而趨勢妄取，而應當「因人主之正朝，以和百姓，潤衆庶，而不能自饒其家」（同上）。若是食祿以養妻子爲目的，則爲古代聖賢君子所不取。因此文學們極不滿意御史大夫所說的一套理論：

「官尊者祿厚，本美者枝茂。故文王德而子孫封，周公相而伯禽富。水廣者魚大，父尊者子貴。傳曰：『河海潤千里。』盛德及四海，況之（盧文弨說：「之」作「其」字用。）妻子乎？故夫貴於朝，妻貴於室，富曰苟美，古之道也。」（鹽鐵論刺權篇第九）

文學們爲此批評這些公卿「親戚相推，朋黨相舉，父尊於位，子溢於內，夫貴於朝，妻謁行於外。無周公之德而有其富，無管仲之功而有其侈，故編戶跛夫而望疾步也（王利器校：語意不周洽，疑「編戶」下脫了四字。）」（同上）

公卿既是如此，在下的官吏又如何呢？御史大夫承認在下的官吏貪鄙不廉，侵漁百姓。御史大夫說：

「爲吏既多不良矣，又侵漁百姓。長吏厲諸小吏，小吏厲諸百姓。故不患擇之不熟，而患求之與得異也；不患其不足也，患其貪而無厭也。」（鹽鐵論疾貪篇第三十三）

官吏的貪求無厭，造成長吏侵擾小吏，小吏漁肉百姓的嚴重弊端。御史大夫認爲這是官員的個人操守問題，雖然有法令嚴懲不肖的貪鄙之徒，但是公卿承認禁絕爲難。御史大夫說：

「賢不肖有質，而貪鄙有性，君子內潔己而不能純教於彼。故周公非不正管、蔡之邪，子產非不正鄧晳之僞也。夫內不從父兄之教，外不畏刑法之罪，周公、子產不能化，必也。今一二（王利器校：當作「一一」。）則責之有司，有司豈能縛其手足而使之無爲非哉？」（同上）

賢良們對官吏操守問題，提出一個治本的方法，就是以道德教化來輔助嚴刑之不足，化貪鄙之性爲廉貞之行。賢良說：

「駟馬不馴，御者之過也。百姓不治，有司之罪也。春秋刺譏不及庶人，責其率也。故古者大夫將臨刑，聲色不御，刑以當矣，猶三巡而嗟嘆之。其恥不能以化而傷其不全也。政教闇而不著，百姓顛蹶而不扶，猶赤子臨井焉，聽其入也。若此，則何以爲民父母？故君子急於教，緩於刑。刑一而正百，殺一而愼萬。是以周公誅管蔡，而子產誅鄧晳也。刑誅一施，民遵禮義矣。夫上之化下，若風之靡草，無不從教。何一一而縛之也？」（鹽鐵論疾貪篇第三十三）

賢良更分析官吏的貪鄙，是由於俸祿微薄，不能仰事俯蓄的緣故。現實的生活問題，使他們求利於下，一切取之於民。賢良說：

「今小吏祿薄，郡國繇役遠至三輔，粟米貴，不足相贍。常居則匱於衣食，有故則賣畜粥業。非徒是也，繇使相遣，官庭攝追，小計權吏，行施乞貸，長吏侵漁，上府下求之縣（王先謙說：府、下二字當乙，句作「長吏侵漁上下，府求之縣。」），縣求之鄉，鄉安取之哉？語曰：『貨賂下流，猶水之赴下，不竭不止。』今大川江河飲巨海，巨海受之，而欲谿谷之讓流潦；百官之廉，不可得也。夫欲影正者端其表，欲下廉者先之身。故貪鄙在率不在下，教訓在政不在民也。」（同上）

在不能增加俸祿以養廉的情形下，在上位的公卿，應以身作則，以清廉率下，以德教化人。須知出仕並非完全爲一己乃至家人的生活富足，若爲衣食豐足而不以正道得之，則不足以爲政府的官吏。在上位的公卿不但沒有清明廉潔以爲表率，反而貪求享受，競相豪奢。吏治的敗壞，爲其惡果之一，社會風氣浮靡，貧富差距擴大，爲其惡果之二，凡此皆因公卿貪利而起。

第二節　以利率下

政府官員們無周公之德、管仲之功，而奢侈則過之。百姓此時，却因財經改革的大變動，而生活困苦。彼此的差距有天壤之別，所謂「公卿積億萬，大夫積千金，士積百金，利己幷財以聚。百姓寒苦，流離於路。」（鹽鐵論地廣篇第十六）文學說：

「古者貴德而賤利，重義而輕財。三王之時，迭盛迭衰。衰則扶之，傾則定之。是以夏忠、殷敬、周文，庠序之教，恭讓之禮，粲然可得而觀也。及其後，禮義弛崩，風俗滅息。故自食祿之君子，違於義而競於財，大小相呑，激轉相傾。此所以或儲百年之餘，或無以充虛蔽形也。古之仕者不穡，田者不漁，抱關擊柝，皆有常秩，不得兼利盡物。如此，則愚智同功，不相傾也。」（鹽鐵論錯幣篇第四）

貧富的懸殊，由於食祿的君子違背古義而競於財貨，相呑相傾所造成。在上位的衆公卿大夫旣貪圖私利，富累億萬，在下的百姓自然競相仿效，逐利不已。於是民間新的權家豪富就這樣因財經改革而崛起，並更加大了社會上貧富懸殊的差距。

對於新的權家豪富的興起，他們生活上的奢侈，以及對社會不良的影響等問題，文學有極深刻的論述：

「有司之慮遠，而權家之利近，令意所禁微，而僭奢之道著。自利害之設，三業之起，貴人之家，雲行於塗，轂擊於道，攘公法，申私利，跨山澤，擅官市，非特巨海魚鹽也。執國家之柄以行海內，非特田常之勢，陪臣之權也。威重於六卿，富累於陶、僭（王利器注：謂陶朱及子貢。），輿服僭於王公，宮室溢於制度。幷兼列宅，隔絕閭巷，閣道錯連足以游觀，鑿池曲道足以騁騖，臨淵釣魚，放犬走兔，隆豺鼎力，蹋鞠鬬鷄，中山素女，撫流徵於堂上，鳴鼓巴、俞作於堂下，婦女被羅紈，婢妾曳絺紵，子孫連車列騎，田獵出入，畢弋捷健。是以耕者釋耒

而不勤，百姓冰釋而解怠。何者？己爲之而彼取之，僭侈相効，上升而不息，此百姓所以滋僞而罕歸本也。」（鹽鐵論刺權篇第九）

新的權家，是由於新財經政策的實施，乘機牟利而興起。其因富而有的權勢，已超過陪臣與六卿。他們生活上的享受，更僭於王公，溢於制度。在上位公卿的貪利，造成民間新權勢之家的興起，上下交征利，將整個社會風氣導向浮靡虛僞。

公卿的責任是輔君安民，如今既未輔君以道，更未安民於下，事實俱在，無可否認。無怪乎賢良文學批評衆公卿只知一心貪利，又焉有百姓生計存乎心中？賢良爲此很沉痛的批評了在上位者，貪求享受，不知撫恤民生的過失，令在場的衆官員啞口無言。賢良說：

「故餘粱肉者難爲言隱約，處佚樂者難爲言勤苦。夫高堂邃宇、廣廈洞房者，不知專屋狹廬、上漏下濕者之瘤（張敦仁說：「瘤」當作「病」。）也。繫馬百駟、貨財充內、儲陳納新者，不知有旦無暮，稱貸者之急也。廣第唐園、良田連比者，不知無運踵之業、竄頭宅（王利器校：宅字上下疑有脫文。）者之役也。原馬被山、牛羊滿谷者，不知無孤豚瘠犢者之窶也。高枕談臥、無叫號者，不知憂私責（王利器注：責、債古通。）與吏正戚者之愁也。被紈躡韋、搏粱齧肥者，不知短褐之寒、糠粝之苦也。從容房闈之間、垂拱持案食者，不知蹠耒躬耕者之勤也。乘堅驅良、列騎成行者，不知負檐步行者之勞也。匡牀旃席、侍御滿側者，不知負輅輓船、登高絕流者之難也。衣輕暖、被英裘、處溫室、載安車者，不知乘邊城、飄胡、代、鄉清風者之危寒也。妻子好合、子孫保之者，不知老母之顑頷、匹婦之悲恨也。耳聽五音、目視弄優者，不知蒙流失、距敵方外之死者也。東嚮伏几、振筆如（楊沂孫說：「如」同「而」。）調文者，不知木索之急、箠楚之痛者也。坐旃茵之上、安圖籍之言若易然，亦不知步涉者之難也。」（鹽鐵論取下篇第四十一）

賢良將公卿、權家與百姓之間的不同，在各方面做了對比，當時貧富的不均現象由此可見一斑，社會問題嚴重至此程度，難怪賢良文學都要歸罪於政府官員了。

富貴的公卿，貪瀆的官吏和奢侈的豪門，如此的浪費無度，置小民生活於不顧，賢良文學們遂極坦白而沉痛的道出百姓困苦的生活情形。文學說：

「田雖三十而以頃畝出稅，樂歲粒米粱糲而寡取之，凶年飢饉而必求足。加之以口賦更繇之役，率一人之作，中分其功。農夫悉其所得，或假貸而益之。是以百姓疾耕力作，而飢寒遂及己也。

……

「民非利避上公之事而樂流亡也。往者軍陣數起，用度不足，以訾徵賦，常取給見民，田家又被其勞，故不齊出於南畝也。大抵逋流皆在大家，吏正畏憚，不敢篤責，刻急細民，細民不堪，流亡遠去；中家爲之色出，後亡者爲先亡者服事；錄民數創於惡吏，故相倣傚，去尤甚而就少愈者多。……是以田地日荒，城郭空虛。」（鹽鐵論未通篇第十五）

田賦、繇役加上戰爭，農民飢寒在先，流亡在後，導致農業的凋零，農村的殘破。政府官員不能弭患於前，也未補救於後。

賢良們也爲當時百姓的許多疾苦，發言說：

「若今則繇役極遠，盡寒苦之地，危難之處，涉胡、越之域，今茲往而來歲旋，父母延頸而西望，男女怨曠而相思。……故一人行而鄉曲恨，一人死而萬人悲。……吏不奉法以存撫，倍公任私，各以其權充其嗜欲。人愁苦而怨思，上不恤理，則惡政行而邪氣作。邪氣作，則蟲螟生而水旱起。若此，雖禱祀雩祝，用事百神無時，豈能調陰陽而息盜賊矣？」（鹽鐵論執務篇第三十九）

繇役和軍旅，使百姓在生活艱困之外，更平添幾許鄉愁和悲思。農業問題和社會問題糾葛在一起，亟待解決，而政府官員却仍在「各以其權充其嗜欲」（同上），無怪乎賢良文學在大聲疾呼之外，對政府官員還出以憤怒的態度和責罵的言辭了。

第三節　交相攻訐

賢良文學們不但在施政措施方面批評政府官員，也不滿於他們的生活方式，甚至在談論問題的時候，直接責備政府官員的所作所爲。政府官員們反唇相譏，自然是意料中事。茲略述其較激烈者，以概見當時雙方爭執之實況。

御史大夫論及荀卿門人，讚美李斯的功業而鄙薄包丘子的窮愁潦倒，可見「今內無以養，外無以稱，貧賤而好義，雖言仁義，亦不足貴者也！」（鹽鐵論毀學篇第十八）這話刺激了對方，於是文學除為包丘子申辯外，更說：

「今之在位者，見利不虞害，貪得不顧恥，以利易身，以財易死。無仁義之德而有富貴之祿，若蹈坎穽，食於懸門之下，此李斯之所以伏五刑也。」（同上）

文學此語一出，御史大夫大表不滿，認為讀書人不應該如此出言不遜。御史大夫說：

「學者所以防固辭，禮者所以文鄙行也。故學以輔德，禮以文質。言思可道，行思可樂。惡言不出於口，邪行不及於己。動作應禮，從容中道。故禮以行之，孫以出之。是以終日言，無口過；終身行，無冤尤。今人主張官立朝以治民，疏爵分祿以褒賢，而曰『懸門腐鼠』，何辭之鄙背而悖於所聞也？」（同上）

而文學在此情形下，還繼續說：「今之有司，盜主財而食之於刑法之旁，不知機之是發，又以嚇人，其患惡得若泰山之鴟乎？」（同上）就未免逼人太甚了。

當御史大夫讚揚蘇秦、張儀為天下名士時，文學又大加攻擊說：

「今有司盜秉國法，進不顧罪，卒然有急，然後車馳人趨，無益於死。所盜不足償於臧獲，妻子奔亡無處所，身在深牢，莫知恤視。方此之時，何暇得以笑乎？」（鹽鐵論褒賢篇第十九）

這都是文學對御史大夫的攻訐之辭，直指對方不虞害，不顧恥、以利易身、以財易死、盜秉國法、無益於死。卽使事實如此，但是在討論國事時，如此露骨的、一再的攻訐對方，究竟不太適宜。御史大夫說讀書人要能「惡言不出於口，邪行不及於己。動作應禮，從容中道。」（鹽鐵論毀學篇第十八）確是理應如此，而文學却未能做到。

丞相史站在政府官員的立場參與討論，在談到顏異、狄山二人「處其位而非其朝，生乎世而訕其上，終以被戮而喪其軀」時，文學先辯解說：

「夫公卿處其位不正其道，而以意阿邑順風，疾小人淺淺面從，以成人之過也。故知言之死，不忍從苟合之徒，是以不免於縲紲。悲夫！」（鹽鐵論論誹篇第二十四）

再直接批評丞相史說：

「今子不聽正義以輔卿相，又從而順之，好須臾之說，不計其後。若子之爲人吏，宜受上戮，子姑默矣！」（同上）

在談對父母尊長的孝養問題時，雙方意見又相左，文學在討論問題之外，又批評丞相史說：

「今子不忠不信，巧言以亂政，導諛以求合。若此者，不容於世。」（鹽鐵論孝養篇第二十五）

丞相史自辯說：「僕雖不敏，亦嘗傾耳下風，攝齊句指（王利器注：卑恭之貌。）受業徑於君子之塗矣。使文學言之而是，僕之言有何害？使文學言之而非，雖微丞相史，孰不非也？」（鹽鐵論刺議篇第二十六）雖然言辭溫和，但是文學仍不放鬆，繼續批評說：

「今子處宰士之列，無忠正之心，枉不能正，邪不能匡，順流以容身，從風以說上。上所言則苟聽，上所行則曲從，若影之隨形，響之於聲，終無所是非。衣儒衣，冠儒冠，而不能行其道，非其儒也。譬若土龍，文章首目具而非龍也。葶歷似菜而味殊，玉石相似而異類。子非孔氏執經守道之儒，乃公卿面從之儒，非吾徒也。」（同上）

總結文學對丞相史的批評，都嫌失之過份，缺少風度。

至於御史大夫對賢良文學們的攻訐，多出以譏諷、鄙薄、威嚇的言辭，而比較直接激烈的一次，應該是丞相史再三受責以後，御史大夫毫不隱諱含蓄的指斥文學們無用，虛有其表的那一次。御史大夫說：

「色厲而內荏，亂眞者也。文表而枲裏，亂實者也。文學裒衣博帶，竊周公之服；鞠躬踧踖，竊仲尼之容；議論稱頌，竊商、賜之辭；刺譏言治，過管、晏之才。心卑卿相，志小萬乘。及授之政，昏亂不治。」（鹽鐵論利議篇第二十七）

又說：

「噫，諸生闒茸無行，多言而不用，情貌不相副。若穿踰之盜，自古而患之。」（同上）

雙方動了意氣之爭，難免口不擇言，彼此都有不是。最後丞相史和丞相先後出面調解息爭。丞相史說：

「夫辯國家之政事，論執政之得失，何不徐徐道理相喻，何至切切如此乎？大夫難罷鹽鐵者，非有私也，憂國家之用，邊境之費也。諸生誾誾爭鹽鐵，亦非爲己也，欲反之於古而輔成仁義也。二者各有所宗，時世異務，又安可堅任古術而非今之理也？且去（案：「去」字或本作「夫」。）小雅非人，必有以易之。諸生若有能安集國中，懷來遠方，使邊境無寇虜之災，租稅盡爲諸生除之！何況鹽鐵均輸乎？所以貴術儒者，貴其處謙推讓，以道盡人。今辯訟愕愕然，無赤、賜之辭，而見鄙倍之色，非所聞也。大夫言過，而諸生亦如之，諸生不直謝大夫耳。」

（鹽鐵論國疾篇第二十八）

當文學與御史大夫相爭訟時，由丞相史出面調解。當賢良與御史大夫爭執時，則有丞相出而調和之，丞相說：

「吾聞諸鄭長者曰：『君子正顏色則遠暴嫚，出辭氣則遠鄙倍矣。』故言可述，行可則。此有司夙昔所願覩也。若夫劍客論，博奕辯，盛色而相蘇，立權以不相假，使有司不能取賢良之議，而賢良文學被不遜之名，竊爲諸生不取也。公孫龍有言曰：『論之爲道辯，故不可以屬意。屬意相寬，相寬其歸爭。爭而不讓則入於鄙。』今有司以不仁，又蒙素飡，無更責雪恥矣。縣官所招舉賢良文學，而及親民偉仕，亦未見其能用箴石而醫百姓之疾也。」（鹽鐵論箴石篇第三十一）

雙方爭執之起，由於意見的不能協調，始而互申己意，終而互相攻訐，對於解決問題，溝通歧見，不但無補，反而有損，誠不幸之事。

第二章　官員反譏賢良文學

第一節　重才重能

漢武帝卽位之初，卽詔命丞相、御史、列侯、中二千石、二千石、諸侯相，擧賢良方正直言極諫之士。丞相衞綰認爲所擧荐的賢良或治申、商、韓非、蘇秦、張儀之言，亂國政，皆罷。元光元年，復令郡國擧孝廉各一，並詔賢良對策：「賢良明於古今王事之體，受策察問，咸㠯書對，著之於篇。」（漢書武帝紀卷第六）於是董仲舒、公孫弘等以儒術顯於朝廷。元光五年，又徵吏民「有明當世之務，習先聖之術者，縣次續食，令與計偕。」（同上）元朔元年，又鑒於郡國未能認眞辦好察擧工作而議定處罰之罪。元朔四年，置博士弟子員。元狩六年，更遣博士六人，巡行天下，「存問鰥寡廢疾，無㠯自振業者貸與之。諭三老孝弟㠯爲民師。擧獨行之君子，徵詣行在所。」（同上）元封五年，大將軍衞青死，文武名臣先後凋零，武帝下詔說：

「蓋有非常之功，必待非常之人。故馬或奔踶而致千里，士或有負俗之累而立功名。夫泛駕之馬，跅弛之士，亦在御之而已。其令州郡察吏民有茂才異等，可爲將相及使絕國者。」（同上）

武帝一再察擧「明於古今王事之體」、「習先聖之術」的學者，並設博士，置博士弟子員，獎崇儒術而擯斥法家與縱橫之徒。直到武帝中期以後，政府需才孔亟，而有元封五年之詔。前此求賢重在「學」與「德」，此次求賢，重在「才」與「能」。所謂「非常之人」，是指「有負俗之累」和「跅弛」的士，政府要用的是這些人的才和能，至於他們所不足的德，則在以術御之。賢良文學們認爲賢士學者不受重視的問題，究其原因，就是因爲他們只講「德」而不重「才」，不合於政府所急需。御史大夫等官員認爲擧荐出的賢士學者，無益於朝廷施政，也正是就有無才能的觀點來說的。在征伐名將、興利之臣、執法之士各展所長的環境下，賢士學者若無專長，只有成爲點綴，不受重視，其不可爲是必然的。

政府官員對這些賢士學者的批評，可大別爲下述四點：

一、信古乖今，不合世務：

「今賢良、文學臻者六十餘人，懷六藝之術，騁意極論，宜若開元發蒙；信往而乖於今，道古而不合於世務，意者不足以知士也？將多飾文誣能以亂實邪？何賢士之難覩也！」（鹽鐵論刺復篇第十大夫曰）

「所謂文學高弟者，智略能明先王之術，而姿質足以履行其道。故居則爲人師，用則爲世法。今文學言治則稱堯、舜，道行則言孔、墨，授之政則不達。懷古道而不能行，言直而行枉，道

是而情非。衣冠有以殊於鄉曲，而實無以異於凡人。」（鹽鐵論相刺篇第二十大夫曰）

「說西施之美無益於容，道堯舜之德無益於治。今文學不言所爲治，而言以治之無功，猶不言耕田之方，美富人之囷倉也。夫欲粟者務時，欲治者因世。……孔子曰：『可與共學，未可與權。』文學可令扶繩循刻，非所與論道術之外也。」（鹽鐵論遵道篇第二十三丞相史曰）

二、不事生產，爲官無功：

「今儒者釋耒耜而學不驗之語，曠日彌久而無益於理，往來浮游，不耕而食，不蠶而衣，巧僞良民，以奪農妨政。此亦當世之所患也。」（鹽鐵論相刺篇第二十大夫曰）

「公孫丞相以春秋說先帝，遽卽三公，處周、邵之列，據萬里之勢，爲天下準繩，衣不重彩，食不兼味，以先天下，而無益於治。博士褚泰、徐偃等，承明詔，建節馳傳，巡省郡國，舉孝廉，勸元元，而流俗不改。招舉賢良方正文學之士，超遷官爵，或至卿大夫，非燕昭之薦士，文王之廣賢也？然而未覩功業所成。」（鹽鐵論刺復篇第十御史曰）

三、虛言妨實，大言難從：

「文學能言而不能行，居下而訕上，處貧而非富，大言而不從，高厲而行卑，誹譽訾議，以要名采善於當世。」（鹽鐵論地廣篇第十六大夫曰）

「文學結髮學語，服膺不舍，辭若循環，轉若陶鈞，文繁於春華，無効於抱風，飾虛言以亂實，道古以害今。從之，則縣官用廢，虛言不可實而行之；不從，文學以爲非也，衆口囂囂，不可勝聽。」（鹽鐵論遵道篇第二十三大夫曰）

四、居下訕上，私行不良：

「晏子有言：『儒者華於言而寡於實，繁於樂而舒於民，久喪以害生，厚葬以傷業，禮煩而難行，道迂而難遵，稱往古而訾當世，賤所見而貴所聞。』……此顏異所以誅黜，而狄山死於匈奴也。處其位而非其朝，生乎世而訕其上，終以被戮而喪其軀，此獨誰爲負其累而蒙其殃乎？」（鹽鐵論論誹篇第二十四丞相史曰）

「文學言行雖有伯夷之廉，不及柳下惠之貞，不過高瞻下視，絜言污行，觴酒豆肉，遷延相讓，辭小取大，雞廉狼吞。趙綰、王臧之等，以儒術擢爲上卿，而有姦利殘忍之心。主父偃以口舌取大官，竊權重，欺紿宗室，受諸侯之賂，卒皆誅死。東方朔自稱辯略，消堅釋石，當世無雙，然省其私行，狂夫不忍爲！」（鹽鐵論褒賢篇第十九大夫曰）

第二節　鄙儒無用

賢良文學們對當時政治的不能有直接而實際的貢獻，在政府官員們看來，除了上節所說的原因以外，儒學本身的缺點，才是眞正的原因。賢良文學們不但未能去除那些缺點，反而堅持之、奉守之。那些缺點在政府官員認爲，就是一些不切實際而又呆板的原則。

儒者不論在何種狀況下，都要祖述堯舜，憲章文武，以孔子爲法。這在政府官員看來是勞而無功，不可能安國尊君於當時的。御史就說：

「文學祖述仲尼，稱誦其德，以爲自古及今，未之有也。然孔子脩道魯、衞之間，教化洙、泗之上，弟子不爲變，當世不爲治，魯國之削滋甚。齊宣王褒儒尊學，孟軻、淳于髡之徒，受上大夫之祿，不任職而論國事，蓋齊稷下先生千有餘人。當此之時，非一公孫弘也。弱燕攻齊，長驅至臨淄，湣王遁逃，死於莒而不能救；王建禽於秦，與之俱虜而不能存。若此，儒者之安國尊君，未始有效也。」（鹽鐵論論儒篇第十一）

御史大夫也說：

「文學言治尚於唐、虞，言義高於秋天，有華言矣，未見其實也。昔魯穆公之時，公儀爲相，子思、子原爲之卿，然北削於齊，以泗爲境，南畏楚人，西賓秦國。孟軻居梁，兵折於齊，上將軍死而太子虜，西敗於秦，地奪壤削，亡河內、河外。夫仲尼之門，七十子之徒，去父母，捐室家，負荷而隨孔子，不耕而學，亂乃愈滋。故玉屑滿篋，不爲有寶，詩書負笈，不爲有道。要在安國家、利人民，不苟繁文衆辭而已。」（鹽鐵論相刺篇第二十）

實際從政的人看來，有些學說是不合時宜，難應急需的學術。其主要的不同在對社會現象的觀察、分析不一致，再則對「有用」、「無用」之間的觀點有歧異。政府官員們基於民不敬上畏法的認識，而以現實、速效爲衡量學術的標準，因此而認爲堯舜孔孟之學，無所用於當時。

政府官員在這方面，不可否認是受了法家極大的影響。因爲自商鞅以降的法家學者，無不主張因時適變的變法革新，既要變古之道以圖革新，自然是先認爲古代的治國之道「無用」。韓非對社會現象的分析結論是：「上古競於道德，中世逐於智謀，當今爭於氣力。」（韓非子五蠹篇第四十九）因此治國的原則是：「故聖人議多少，論薄厚爲之政。……故事因於世，而備適於事。」（同上）基於這種認識和治國原則，法家學者認爲，如果要以儒家寬緩的政策，治理急世爭奪之民，卽使戶說以仁義，愛民如子，施行仁政，仍是無用。仁政、惠愛，在他們看來，只能是一種口號，而並不實用。所以他們對賢良文學的那套儒學理論，和韓非的想法是一致的，那就是：「明主舉實事，去無用，不道仁義故，不聽學者之言。」（韓非子顯學篇第五十）

儒者一向重視修己立身之道，因而賢良文學們也强調個人的學識、修養在立身治事上的重要性。他們認爲不「學」則無以治身，無「禮」則不足以輔德。無以治身，不能輔德，又談何理人治國？文學說：

「非學無以治身，非禮無以輔德。和氏之璞，天下之美寶也，待礛諸之工而後明。毛嬙，天下之姣人也，待香澤脂粉而後容。周公，天下之至聖人也，待賢師學問而後通。今齊世庸士之人不好學問，專以己之愚而荷負巨任，若無檝舳濟江海而遭大風，漂沒於百仞之淵，東流無崖之川，安得沮而止乎？」（鹽鐵論殊路篇第二十一）

這種觀點在重才甚於重德的政府官員想法中，則認爲人的本性難以用「學」來改正，而且「學」了就往往自以爲是，而强人從己，非但無益反而有害。御史大夫說：

「性有剛柔，形有好惡。聖人能因而不能改。孔子外變二三子之服而不能革其心。故子路解長劍，去危冠，屈節於夫子之門，然攝齊師友，行行爾，鄙心猶存。宰予晝寢，欲損三年之喪。孔子曰：『糞土之牆，不可杇也』，『若由不得其死然』。故內無其質而外學其文，雖有賢師良友，若畫脂鏤冰，費日損功。故良師不能飾戚施，香澤不能化嫫母也。」（鹽鐵論殊路篇第二十一）

又說：

「剛者折，柔者卷。故季由以强梁死，宰我以柔弱殺。使二子不學，未必不得其死。何者？矜己而伐能，小知而巨收，欲人之從己，不能以己之從人，莫視而自見，莫賈而自貴，此其所以身殺死而終菹醢也。未見其爲宗廟器，覩其爲世戮也。」（鹽鐵論訟賢篇第二十二）

當時的那些自認爲是爲民喉舌的賢良文學們，不但不承認自己的毫無能力，反而譏諷政府官員，政府官員反問說：

「諸生若有能安集國中，懷來遠方，使邊境無寇虜之災，租稅盡爲諸生除之！何況鹽鐵均輸乎？」

（鹽鐵論國疾篇第二十八丞相史曰）

賢良文學經此一直截了當的質問，束手無策之餘，只有說：

「鄙人固陋，希涉大庭，狂言多不稱，以逆執事。夫藥酒苦於口而利於病，忠言逆於耳而利於行。」（同上）

學而不能用，難怪受批評了。

第三節　變法功過

政府官員强調公卿的才能重於德行的原因，主要是以現實政治的需要，做爲優先考慮。政府當前所遭遇的困境，必須有實際可行，而又具有時效的辦法提出才可以，空言理想或高談無實，都非治事之道。因此，爲了解決問題，必要時更應當進行大規模的改革——變法。所以政府官員們所讚揚的是變法成功的商鞅之流的古人，相反的，賢良文學們則對這些棄道德用刑法的人大加抨擊。

倡行變法最力的是法家，實行變法最認眞的是法家，影響最深遠的還是法家。法家變法的代表人物是商鞅。商鞅强調變法圖强的重要性時說：

「法者，所以愛民也；禮者，所以便事也。是以聖人苟可以强國，不法其故；苟可以利民，不循其禮。……三代不同禮而王，五霸不同法而霸。故知者作法，而愚者制焉；賢者更禮，而不肖者拘焉。拘禮之人，不足與言事；制法之人，不足與論變。……前世不同教，何古之法？帝王不相復，何禮之循？……各當時而立法，因事而制禮，禮法以時而定，制令各順其宜，兵甲器備各便其用。臣故曰：治世不一道，便國不必法古。」（商君書校釋更法篇第一）

秦孝公力排衆議，重用商鞅，實行變法之策，奠定秦國强盛的基礎。吳起在楚國變法圖强，史稱：

「明法審令，捐不急之官，廢公族疏遠者，以撫養戰鬬之士，要在彊兵破馳說之言從橫者。於是南平百越，北并陳蔡，却三晉，西伐秦。」（史記孫子吳起列傳卷第六十五）

政府官員們一再的肯定商鞅等人對國家富强的實質方面的貢獻，並引爲本身從事各種改革的有力憑藉。御史大夫說：

「昔商君相秦也，內立法度，嚴刑罰，飭政教，姦僞無所容。外設百倍之利，收山澤之稅，國富民强，器械完飾，蓄積有餘。是以征敵伐國，攘地斥境，不賦百姓而師以贍。故利用不竭而民不知，地盡西河而民不苦。鹽鐵之利，所以佐百姓之急，足軍旅之費，務蓄積以備乏絕，所給甚衆，有益於國，無害於人。百姓何苦爾，而文學何憂也？」（鹽鐵論非鞅篇第七）

又說：

「言之非難，行之爲難。故賢者處實而效功，亦非徒陳空文而已。昔商君明於開塞之術，假當世之權，爲秦致利成業，是以戰勝攻取，并近滅遠，乘燕、趙，陵齊、楚，諸侯斂衽，西面而向風。其後蒙恬征胡，斥地千里，踰之河北，若壞朽折腐，何者？商君之遺謀，備飾素循也。

故舉而有利，動而有功。夫畜積籌策，國家之所以強也。」（同上）

政府官員對商鞅的作爲與成就大加讚美，猶有可說，因爲商鞅的變法改革，究竟不是以個人出風頭，投機取利爲目的。至於政府官員對那些並無政治理想和出處原則的蘇秦、張儀、李斯之流，因時乘變，在政治舞台上富貴顯榮的人，也至表欣賞，就未免太現實了。御史大夫說：

「方李斯在荀卿之門，闒茸與之齊軫，及其奮翼高舉，龍昇驥鶩，過九軼二，翱翔萬仞，鴻鵠華騮且（盧文弨說：「且」下疑脫「難」字。）同侶，況跛牂燕雀之屬乎！席天下之權，御宇內之衆，後車百乘，食祿萬鍾。而拘儒布褐不完，糟糠不飽，非甘菽藿而卑廣厦，亦不能得已。」（鹽鐵論毀學篇第十八）

又說：

「伯夷以廉飢，尾生以信死。由小器而虧大體，匹夫匹婦之爲諒也，經於溝瀆而莫之知也。何功名之有？蘇秦、張儀，智足以強國，勇足以威敵，一怒而諸侯懼，安居而天下息。萬乘之主，莫不屈體卑辭重幣請交，此所謂天下名士也。夫智不足與謀，而權不能舉當世，民斯爲下也。」（鹽鐵論褒賢篇第十九）

以投機進身爲高，以榮華富貴驕士的人，實不足取。政府官員不但對之獎譽、欣羨，且隱然以此輩人自況，更以此譏議學者。此舉既有失身份，更嫌量小氣窄，有術而無學。因此而招致賢良文學們的指責，也是理所當然。

賢良文學們批評的重點有二：

一、廢道德禮義而變法反致亡國：

「商鞅以重刑峭法爲秦國基，故二世而奪。刑既嚴峻矣，又作爲相坐之法，造誹謗，增肉刑，百姓齋栗，不知所措手足也。賦斂既煩數矣，又外禁山澤之原，內設百倍之利，民無所開說容言。崇利而簡義，高力而尚功，非不廣壤進地也。然猶人之病水，益水而疾深。知其爲秦開帝業，不知其爲秦致亡道也。」（鹽鐵論非鞅篇第七文學曰）

「治國謹其禮，危國謹其法。昔秦以武力吞天下，而斯、高以妖孽累其禍，廢古術，隳舊禮，專任刑法，而儒墨既喪焉。塞士之塗，壅人之口，道諛日進而上不聞其過，此秦所以失天下而殞社稷也。」（鹽鐵論論誹篇第二十四文學曰）

二、變法者貪利圖功更喪其身：

「商鞅困於彭池，吳起之伏王尸，願被布褐而處窮鄙之蒿廬，不可得也。李斯相秦，席天下之勢，志小萬乘，及其囚於囹圄，車裂於雲陽之市，亦願負薪入東門，行上蔡曲街徑，不可得也。蘇秦、吳起以權勢自殺，商鞅、李斯以尊重自滅，皆貪祿慕榮以沒其身。從車百乘，曾不足以載其禍也！」（鹽鐵論毀學篇第十八文學曰）

「今商鞅棄道而用權，廢德而任力，峭法盛刑，以虐戾爲俗，欺舊交以爲功，刑公族以立威，無恩於百姓，無信於諸侯，人與之爲怨，家與之爲讐，雖以獲功見封，猶食毒肉愉飽而罹其咎也。」（鹽鐵論非鞅篇第七文學曰）

第三章　操守與才幹

第一節　賢人爲寶

爲政在人，主張賢人執政治國的儒家者流强調這一點，卽使主張以法爲政治民的法家，也不能否認「人」在法治政治中的重要性。賢良說：

「故喩德示威，惟賢臣良相，不在犬馬珍怪。是以聖王以賢爲寶，不以珠玉爲寶。」（鹽鐵論崇禮篇第三十七）

又說：

「管仲去魯入齊，齊覇魯削，非恃其衆而歸齊也。伍子胥挾弓干闔閭，破楚入郢，非負其兵而適吳也。故賢者所在國重，所去國輕。楚有子玉得臣，文公側席。虞有宮之奇，晉獻不寐。夫賢臣所在，辟除開塞者亦遠矣。故春秋曰：『山有虎豹，葵藿爲之不採；國有賢士，邊境爲之不害』也。」（同上）

賢人才是眞正的「國寶」，可惜當時政府機構中的官吏，大多所用非人。究其原因，乃是進用人才的方式與古代大不相同。加上簡擇不精，以致無能者在職，而有功者退隱，政不得人，是政治敗壞的主要關鍵。賢良首先比較古今進用人才的不同之處：

「古之進士也，鄉擇而里選，論其才能，然後官之，勝職任然後爵而祿之。故士修之鄉曲，升諸朝廷，行之幽隱，明足顯著。疏遠無失士，小大無遺功。是以賢者進用，不肖者簡黜。今吏道壅而不選，富者以財賈（王利器校：意林「賈」作「買」。）官，勇者以死射功。戲車鼎躍，咸出補吏，累功積日，或至卿相。」（鹽鐵論除狹篇第三十二）

漢代優良的選舉制度，在漢武帝時爲開邊、爲募財，而開始登用有軍功者、有財勢者受爵補吏。吏道雜而多端，卽自此始。這些人用非所長，朝廷明知其無爲政治民的能力，却授以大權，其後果眞不堪設想。賢良說：

「古者封賢祿能，不過百里；百里之中而爲都，疆垂不過五十，猶以爲一人之身，明不能照，聰不得達，故立卿大夫士以佐之，而政治乃備。今守相或無古諸侯之賢，而蒞千里之政，主一郡之衆，施聖主之德，擅生殺之法，至重也。非仁人不能任，非其人不能行。」（同上）

這些才能不及古之諸侯的官吏，手握大權，「擅殺生之柄，專萬民之命。……是以往者郡國黎民相乘而不能理，或至鋸頸殺不辜而不能正。執綱紀非其道，蓋博亂愈甚。」（同上）這就是武帝時吏治實情。

賢良文學爲此而强調選賢任能的重要，並責備在朝的公卿未能輔君任賢。賢良說：

「一人之身，治亂在己，千里與之轉化，不可不熟擇也。故人主有私人以財，不私人以官，懸賞以待功，序爵以俟賢，舉善若不足，黜惡若仇讎，固為其非功而殘百姓也。夫傅主德，開臣途，在於選賢而器使之，擇練守相然後任之。」（鹽鐵論除狹篇第三十二）

文學說：

「今以公卿之上位，爵祿之美，而不能致士，則未有進賢之道。……今當世在位者既無燕昭之下士，鹿鳴之樂賢，而行臧文、子椒之意，蔽賢妬能，自高其智，訾人之才，足己而不問，卑士而不友，以位尚賢，以祿驕士，而求士之用，亦難矣！」（鹽鐵論刺復篇第十）

文學嚴辭指責公卿，不但不禮賢下士，反而蔽賢妬能，以祿驕士，宜乎賢士不至，不為朝廷所用。政府官員則辯解說，政府也曾求賢若渴，只是求得的所謂學者，並無眞才實學，難以重用而已。

丞相史說：

「今先帝躬行仁聖之道以臨海內，招舉俊才賢良之士，唯仁是用，誅逐亂臣，不避所親，務以求賢而簡退不肖，猶堯之舉舜、禹之族，殛鯀放驩兜也。」（鹽鐵論論誹篇第二十四）

御史大夫也說明了公卿的求賢之切：

「方今為天下腹居郡，諸侯並臻，中外未然，心憧憧若涉大川，遭風而未薄。是以夙夜思念國家之用，寢而忘寐，飢而忘食，計數不離於前，萬事簡閱於心。丞史器小，不足與謀，獨鬱大道，思覩文學，若俟周、邵而望高子。御史案事郡國，察廉舉賢才，歲不乏也。」（鹽鐵論刺

復篇第十）

文學對御史大夫的指責學者無用，提出反駁。文學認爲當時政府一心於用兵，專意於興利，置賢士學者於不顧，使他們在朝廷中孤掌難鳴，所謂「言而不用，諫而不聽，雖賢，惡得有益於治也？」（鹽鐵論相刺篇第二十）賢士學者眞的無能嗎？不是，是環境不可爲。文學說：

「當公孫弘之時，人主方設謀垂意於四夷，故權譎之謀進，荆、楚之士用，將帥或至封侯食邑，而尅獲者咸蒙厚賞，是以奮擊之士由此興。其後干戈不休，軍旅相望，甲士糜弊，縣官用不足，故設險興利之臣起，磻溪熊羆之士隱。涇、淮造渠以通漕運，東郭咸陽、孔僅建鹽鐵，策諸利，富者買爵販官，免刑除罪，公用彌多而爲者徇私，上下無（張敦仁說：「無」當作「兼」。）求，百姓不堪抗弊而從法，故憯急之臣進，而見知廢格之法起。杜周、咸宣之屬，以峻文決理貴，而王溫舒之徒以鷹隼擊殺顯。其欲據仁義以道事君者寡，偷合取容者衆。」（鹽鐵論刺復篇第十

第二節　正身事君

文學們認爲學者的不能有所作爲是環境不可爲，但是政府官員對他們不能有所作爲的批評却是儒學的不合時宜和學者們的自是非人，御史大夫對學者爲官後的舉動，譏諷爲狂狷不遜，忮害不恭，勉强

行事以干名。御史大夫舉例說：

「今之學者，無太公之能，騏驥之才，有以蜂蠆介毒而自害也。東海成顒、河東胡建是也。二子者以術蒙舉，起卒伍，爲縣令。獨非自是，無與合同。引之不來，推之不往，狂狷不遜，忮害不恭，刻轢公主，侵陵大臣。知其不可而强行之，欲以干名。所由不軌，果沒其身。未覩功業所至而見東觀之殃，身得重罪，不得以壽終。狡而以爲知，訐而以爲直，不遜以爲勇，其遭難，故亦宜也。」（鹽鐵論訟賢篇第二十二）

御史大夫所非薄的學者的所作所爲，文學們却認爲那正表現出一個知識份子應有的特立獨行的操守。文學說：

「二公懷精白之心，行忠正之道，直己以事上，竭力以徇公，奉法推理，不避强禦，不阿所親，不貴妻子之養，不顧私家之業。然卒不能免於嫉妬之人，爲衆枉所排也。其所以累不測之刑而功不遂也。夫公族不正則法公不行，股肱不正則姦邪興起。……故君過而臣正，上非而下譏。」

（鹽鐵論訟賢篇第二十二）

和貪利營私的某些政府官員相比，學者們懷精白之心，行忠正之道，直己事上，竭力徇公，不顧一己之私的行爲，是多麼的高潔可風！

正身事君而成功最好，不成功而遇禍，也決不改其操守，枉道求容。在必要時更犯君直諫，不避危難。所陳之辭，也都是經國治事的典則，絕非苟陳虛言，無益於治。國家所需要的，正是這種直言正身的學者，而非面諛奉承的官吏。文學說：

「朝無忠臣者政闇，大夫無直士者位危。任座正言君之過，文侯改言行，稱爲賢君。袁盎面刺絳侯之驕矜，卒得其慶。故觸死亡以干主之過者忠臣也，犯嚴顏以匡公卿之失者直士也。」（鹽鐵論相刺篇第二十）

政府官員又譏諷學者衣冠不完，貧羸不堪，自謀衣食尙且不能足，又何能治國事君，「夫祿不過秉握者不足以言治，家不滿檐石者不足以計事。儒皆貧羸，衣冠不完，安知國家之政，縣官之事乎？」（鹽鐵論地廣篇第十六）這番話說的太不合理，對國事的發言權利，絕沒有因貧困而喪失的理由。窮的讀書人竟不知國家之政，更是說不通的事。文學反駁說：

「夫賤不害智，貧不妨行。顏淵屢空，不爲不賢。孔子不容，不爲不聖。必將以貌擧人，以才進士，則太公終身鼓刀，甯戚不離飯牛矣。古之君子守道以立名，修身以俟時，不爲窮變節，不爲賤易志，惟仁之處，惟義之行。臨財苟得，見利反義，不義而富，無名而貴，仁者不爲也。故曾參、閔子不以其仁易晉、楚之富。伯夷不以其行易諸侯之位，是以齊景公有馬千駟而不能與之爭名。孔子曰：『賢哉回也！一簞食，一瓢飮，在於陋巷，人不堪其憂，回也不改其樂。』故惟仁者能處約樂，小人富斯暴，貧斯濫矣。楊子曰：『爲仁不富，爲富不仁。』苟先利而後義，取奪不厭。」（同上）

人的智與能，並不因貧賤而必然不及富貴者，因此以貌以財取人，必有所失。何況儒家學者所强調的就是要能安貧，要能樂道，士既志於道，就不能再以惡衣惡食為恥。君子貴在固窮，必不為窮而變節，不為賤而易志。處仁行義，以立名修身，以守道俟時。所以在出處進退之際，也決不苟且。

第三節　出處進退

「無鞭策，雖造父不能調駟馬。無勢位，雖舜、禹不能治萬民。孔子曰：『鳳鳥不至，河不出圖，吾已矣夫。』故軺車良馬，無以馳之；聖德仁義，無所施之。」（鹽鐵論論儒篇第十一文學曰）

有滿腹經綸，而無勢位，則不能得君行道，拯濟萬民，這是仁人志士最感痛惜的事。某些學者的不能得位進身，政府官員們認為是他們太過於保守，「文學可令扶繩循刻，非所與論道術之外也。」（鹽鐵論遵道篇第二十三丞相史曰）講原則而不知變通，更無法求用，所謂「必隨古不革，襲故不改，是文質不變，而椎車尚在也。故或作之，或述之，然後法令調於民，而器械便於用也。」（同上）政府並非不求賢士，也未關閉求才之路，可是不加權衡，不知實事的人，是難以見用於朝廷的。御史大夫說：

「歌者不期於利聲而貴在中節，論者不期於麗辭而務在事實。善聲而不知轉，未可為能歌也；善言而不知變，未可謂能說也。持規而非矩，執準而非繩，通一孔，曉一理，而不知權衡。以所不覩不信人，若蟬之不知雪。堅據古文以應當世，猶辰參之錯，膠柱而調瑟，固而難合矣。孔子所以不用於世，而孟軻見賤於諸侯也。」（鹽鐵論相刺篇第二十）

知識份子都想將自己所學，貢獻給社會國家，但却不是人人都能很順利的獲得理想的職位，來大展所學。至於成功與否則在所用的方法而定，御史說：

「伊尹以割烹事湯，百里以飯牛要穆公，始爲苟合，信然與之霸王。如此，何言不從，何道不行？故商君以王道說孝公，不用，卽以彊國之道，卒以就功。鄒子以儒術干世主，不用，卽以變化始終之論，卒以顯名。故馬效千里，不必胡，代；士貴成功，不必文辭。孟軻守舊術，不知世務，故困於梁、宋。孔子能方不能圓，故飢于黎丘。今晚世之儒勤德，時有乏匱，言以爲非，困此不行。自周室以來，千有餘歲，獨有文武成康，如言必參一焉，取所不能及而稱之，猶躄者能言遠不能行也。聖人異塗同歸，或行或止，其趣一也。商君雖革法改教，志存於彊國利民。鄒子之作，變化之術，亦歸於仁義。祭仲自貶損以行權，時也。故小枉大直，君子爲之。今硜硜然守一道，引尾生之意，卽晉文之譎諸侯以尊周室不足道，而管仲蒙恥辱以存亡不足稱也。」（鹽鐵論論儒篇第十一）

御史這種不計進身方式，通變行權，以期能得位行道，彊國利民的觀念，正是出自先秦法家韓非，韓非說：「伊尹爲宰，百里奚爲虜，皆所以干其上也。此二人者，皆聖人也。然猶不能無役身以進，如此其汙也。今以吾言爲宰虜，而可以聽用而振世，此非能仕（盧文弨說：「仕」與「士」通。）之所恥也。」（韓非子說難篇第十二）這是認爲進身的方式只是一個過程，一個手段，如果所追求的理想不是爲一己私利，而是想藉聽用振世以强國利民，那就並不是一個知識份子所值得羞恥的。

這種觀念雖然比較有效果，但卻決不爲文學所接受。文學們所堅持的是以道進，以義合，否則寧可獨善其身，自樂其道，也決不違義而妄取，更不毀名而趨勢。文學說：

「孔子云：『富而可求，雖執鞭之事，吾亦爲之；如不可求，從吾所好。』君子求義，非苟富也。故刺子貢不受命而貨殖焉。君子遭時則富且貴，不遇退而樂道。不以利累己，故不違義而妄取。隱居修節，不欲妨行，故不毀名而趨勢。雖付之以韓、魏之家，非其志則不居也。富貴不能榮，謗毀不能傷也。故原憲之縕袍，賢於季孫之狐貉；趙宣孟之魚飱，甘於智伯之芻豢；子思之銀珮，美於虞公之垂棘。魏文侯軾段干木之閭，非以其有勢也。晉文公見韓慶下車而趨，非以其多財，以其富於仁，充於德也。故貴何必財？亦仁義而已矣。」（鹽鐵論貧富篇第十七）出處進退如此嚴守原則，是因爲可貴的是仁義而不是財勢，更何況「不以道進者，必不以道退，不以義得者必不以義亡。」（鹽鐵論褒賢篇第十九）學者的出仕與退隱，務求有善始有善終，這正是學者的可貴處。

至於政府官員對冉求、仲由為亂主季氏之臣，孔子因嬖臣彌子瑕見衞夫人，孔甲附從陳勝等作爲，譏之爲貶道求容的說法，文學的解釋是：

「天下不平，庶國不寧，明王之憂也。上無天子，下無方伯，天下煩亂，賢聖之憂也。是以堯

憂洪水，伊尹憂民，管仲束縛，孔子周流，憂百姓之禍而欲安其危也。是以負鼎俎、囚拘、匍匐以救之。」（鹽鐵論論儒篇第十一）

結語

春秋戰國之際，諸子百家並起，治亂之道，言人人殊。而戰國時儒、墨並號「顯學」，是其學說雖然不爲世主所重用，然其基本勢力仍極雄厚。其後雖有秦始皇的焚書坑儒，但是在漢高祖誅項羽，擧兵圍魯時，魯中諸儒，猶誦習禮樂，弦歌不絕，儒學勢力的深植，於此可見一斑。漢初，叔孫通定漢禮儀，儒生漸進，亦不過用於禮節，助長威儀而已。漢文帝本好刑名之言，景帝也不任儒者，而竇太后則尤好黃老之術。武帝設五經博士與博士弟子員，可謂尊儒矣，但是宣帝却說漢家治天下，雜用王霸之道。則漢家天子的重儒學、用儒者，自始卽非絕對尊崇孔孟者。武帝時儒者旣不能諫止伐匈奴於先，也不能阻止鹽鐵國營於後。昭帝時鹽鐵大辯論之後，仍是無所變改，儒者只是有一個發言的機會而已。

鹽鐵論中與議雙方，不論其出身爲何，都可算是讀過儒家典籍的知識份子，但是發言討論的立場，却很難截然劃分爲法家與儒家。政府官員譏孔孟、薄儒學，然亦偶一引用孔子之言、儒家之說。其所作爲，尤多先秦法家所不容許者。究其實，不過藉法家「因時變法」的觀念，爲一切改革的依據而已。

所以賢良文學批評政府官員身著儒服而不行儒術。賢良文學發言則以刺譏法家之學爲多，但其重農則又與先秦法家之學說相合，其與儒家基本原則無大違背之處。其缺點是儒家典籍未能融會貫通，不能面對現實，以愛民之心行利民之政。只就施政之不良後果責人，而不能客觀的肯定某些施政的正面意義與價值，陋儒拘執之見，實不足以服人。雙方口中之儒，範圍甚廣，齊之稷下學士，可與孔孟之徒並列，而同一古人，既受稱揚，又遭非議。可見漢人心目中的儒者，與孔孟所說的儒，有所不同。武帝卽位時徵召民間儒者，結果發現他們多雜治申、商、韓非法家之學，而見重於朝廷的儒者，又多係以經義斷獄者。漢儒既已融儒法兩家思想於一身，則鹽鐵論中所表現的已非單純的儒法思想之爭。

雙方在辯論時，對古人學說都各以己意去取褒貶。凡對鹽鐵等新財經政策支持的人，或有利於此的學說，都被政府官員稱頌引述；反之，都被攻擊批評。賢良文學則正相反，支持反對財經改革的人和學說。政府官員一心一意的維護他們的政策，和肯定其成就，不肯承認缺點；賢良文學則全心全意的反對那些政策和否定其成就，不願承認自己的觀點太原則化，不切實際。意氣之爭既極顯然，譏諷謾罵，尤其於事無補。

重要參考書目

一

鹽鐵論　桓　寬　商務印書館　四部叢刊本、兩京遺編本
鹽鐵論　桓　寬　中國子學名著集成編印基金會　張之象注、顧廣圻手批本
鹽鐵論　桓　寬　中華書局　四部備要張敦仁考證、王先謙校勘本
鹽鐵論集釋　徐德培　廣文書局
校釋鹽鐵論　林振翰　商務印書館
鹽鐵論要釋　楊樹達　世界書局
鹽鐵論校注　王利器　世界書局

二

周　禮　藝文印書館　十三經注疏本

史記 司馬遷 洪氏出版社 史記會注考證本
漢書 班固 藝文印書館 王先謙補注本
通典 杜佑 新興書局
通志 鄭樵 新興書局
文獻通考 馬端臨 新興書局
資治通鑑 司馬光 世界書局
管子校正 戴望 世界書局
商君書校釋 陳啟天 商務印書館
韓非子集解 王先慎 世界書局

三

朱希祖先生文集 朱希祖 九思出版社
漢桑大司農弘羊年譜 馬元材 商務印書館
兩漢思想史 徐復觀 學生書局
秦漢思想研究 黃錦鋐 學海出版社
兩漢三國政治思想 王雲五 商務印書館

中國政治思想史　蕭公權　中國文化大學出版部
中國政治思想史　薩孟武　三民書局
中國社會政治史　薩孟武　三民書局
先秦兩漢經濟史稿　李劍農　華世出版社
兩漢的經濟思想　韓復智　中國學術著作獎助委員會
中國經濟發展史論文選集　于宗先等合編　聯經出版事業公司
中國經濟史考證　日、加藤繁　華世出版社
中國鹽政史　曾仰豐　商務印書館